Nathalie Thiede

Qualität bei der Lokalisierung von Videospielen

AF571366

Klaus-Dieter Baumann / Hartwig Kalverkämper / Klaus Schubert (Hg.)
TransÜD.
Arbeiten zur Theorie und Praxis des Übersetzens und Dolmetschens
Band 118

Nathalie Thiede

Qualität bei der Lokalisierung von Videospielen

Umschlagabbildung © Elegant Solution – stock.adobe.com

ISBN 978-3-7329-0793-9
ISBN E-Book 978-3-7329-9172-3
ISSN 1438-2636

© Frank & Timme GmbH Verlag für wissenschaftliche Literatur
Berlin 2021. Alle Rechte vorbehalten.

Das Werk einschließlich aller Teile ist urheberrechtlich geschützt. Jede Verwertung außerhalb der engen Grenzen des Urheberrechtsgesetzes ist ohne Zustimmung des Verlags unzulässig und strafbar. Das gilt insbesondere für Vervielfältigungen, Übersetzungen, Mikroverfilmungen und die Einspeicherung und Verarbeitung in elektronischen Systemen.

Herstellung durch Frank & Timme GmbH,
Wittelsbacherstraße 27a, 10707 Berlin.
Printed in Germany.
Gedruckt auf säurefreiem, alterungsbeständigem Papier.

www.frank-timme.de

Inhaltsverzeichnis

1. Einleitung

Die Videospielbranche ist inzwischen eine bedeutende Industrie,[1] die viele großartige Werke hervorgebracht hat, welche mit viel Aufwand entwickelt wurden, um den Spielern eine mitreißende, immersive Erfahrung zu bieten (vgl. Fernández Costales 2012, 387; Bernal-Merino 2015, 105). Dieses Erlebnis „is crucial, since the player […] wants to feel that he/she is actually a part of a living world“ (Tutka 2017, 202). Wie Sprache im Spiel verwendet wird, hat einen sehr großen Anteil daran, diesen immersiven Effekt zu erzielen (vgl. Bernal-Merino 2015, 138–39). Wenn Videospiele in andere Sprachen lokalisiert werden, sollten daher die sprachlichen Mittel des Originals und deren Anteil am Spielerlebnis so gut wie möglich in die Zielsprache übertragen werden (vgl. ebd., 200). Andernfalls drohen schnell Konsequenzen – „the gamer can be easily pulled out of the gameplaying experience if the quality of the localization is not good“ (Chandler und Deming 2012, 3–4).

Seit „All your base are belong to us“[2], einem der Klassiker der unglücklichen Übersetzungen, die die späten 80er und frühen 90er Jahre im Videospielbereich bestimmten (vgl. O'Hagan und Mangiron 2013, 56), ist viel passiert. Die Lokalisierungsbranche ist professioneller geworden: Während damals hauptsächlich Hobbyübersetzer am Werk waren (vgl. ebd., 51, 56–57), gibt es inzwischen auf Videospiele spezialisierte Lokalisierungsunternehmen (vgl. Bernal-Merino 2020, 298).

Auch in den Übersetzungswissenschaften hat die Videospiellokalisierung Einzug gehalten – ungefähr seit 2006 und seit dem letzten Jahrzehnt immer mehr (vgl. O'Hagan und Mangiron 2013, 26). Mangiron (2018) hat eine Vielzahl an Lücken des vergleichsweise jungen Forschungsbereiches zusammengetragen. Neben einem Mangel an Fallstudien zu, beispielsweise, der Übersetzung von Humor, kulturspezifischen Referenzen und Übersetzungsstrategien allgemein nennt Mangi-

1 Der deutsche Spiele-Software-Markt ist 2019 im Vergleich zum Vorjahr um 11 % gewachsen und hat 3,9 Milliarden Euro Einnahmen generiert (vgl. game 2020, 14).

2 Dieser Satz stammt aus der englischen Version des japanischen Videospiels *Zero Wing* (1991) (vgl. O'Hagan und Mangiron 2013, 56, 298).

ron (2018) Qualität als eines der Themen, die mehr wissenschaftliche Aufmerksamkeit verdient hätten (vgl. ebd., 123, 125): „Quality and how to measure it is another burning issue for the game localisation industry" (ebd., 130).

Inzwischen gibt es zwar mehrere Publikationen, in denen Übersetzungsstrategien in konkreten Videospielen untersucht werden (z. B. Fernández Costales (2012), Sajna (2016) und Ray (2019)), und allgemeine Überlegungen zur Qualität in Videospielen (z. B. Bernal-Merino (2020)), doch Fallstudien, die die sprachliche Qualität eines lokalisierten Videospiels untersuchen, scheinen rar zu sein.

Genau das ist Gegenstand dieser Arbeit. In einer qualitativen Korpusanalyse soll mithilfe des pragmatisch-funktionalen Qualitätsanalysemodells von House (2015) die deutsche Version des Sci-Fi-Strategiespiels *Sid Meier's Civilization: Beyond Earth* (2014, im Folgenden *C:BE*) mit der englischen Originalversion verglichen werden. Das Korpus besteht aus den Missionstexten (Quests) von *C:BE*.

Nach einer Einführung in die Videospiellokalisierung – ihre Begrifflichkeiten, ihre allgemeinen Herausforderungen und mit Fokus auf das für diese Arbeit relevante Genre des Sci-Fi-Strategiespiels – werden die theoretischen Grundlagen für die Analyse gelegt. Es werden wesentliche Merkmale der systemisch-funktionalen Linguistik erörtert, um im Anschluss das Qualitätsanalysemodell von House (2015) zu präsentieren und die für die Analyse relevanten Kategorien genauer anzuschauen. Im Zentrum der vorgenommenen Analyse stehen sprachliche Mittel, die Rückschlüsse auf das soziale Verhältnis zwischen Kommunikationspartnern (Distanz und Macht bzw. Nähe und Solidarität) und auf die Einbeziehung von Adressaten zulassen (vgl. House 2015). Auf die Vorstellung der Analyseergebnisse folgt eine Diskussion, in der aufgetretene Schwierigkeiten bei der Anwendung des Analysemodells beleuchtet und Hinweise für die Videospiellokalisierung abgeleitet werden.

Die Grundannahme dieser Arbeit ist, dass bereits subtile Abweichungen in der Sprache klare Effekte haben können und dass kontextuelle Informationen bei der Übersetzung sehr wichtig für die sprachlichen Entscheidungen der Übersetzer sind. Zentrale Frage wird hierbei sein, inwieweit das Qualitätsanalysemodell von House dazu geeignet ist, diese Abweichungen zu identifizieren und daraus Schlüsse für zukünftige Übersetzungen von Videospielen zu ziehen.

2. Videospiellokalisierung: Eigenheiten und Sci-Fi-Strategiespiele

Vorab soll geklärt werden, was unter ‚Videospiellokalisierung' verstanden wird und was die in dieser Arbeit verwendeten Termini umfassen. Außerdem sollen Herausforderungen der Videospiellokalisierung im Allgemeinen und das Genre der Sci-Fi-Strategiespiele im Speziellen diskutiert werden.

2.1. Begrifflichkeiten ‚Lokalisierung' und ‚Videospiel'

Die Lokalisierung von Software- und Medienprodukten ist ein etabliertes Feld in der Translationswissenschaft, das mit der Computerindustrie[3] und dem dadurch entstandenen Feld der Softwarelokalisierung aufkam (vgl. O'Hagan und Mangiron 2013, 100, 105). Die Lokalisierung von Videospielen wird daher ebenso als Teil der Softwarelokalisierung untersucht (vgl. Kim 2019, 19). Lokalisierung im Allgemeinen lässt sich als „an adaptation of the product to the linguistic, regional, and technical needs of a given market" (Chojnowski 2016, 72) definieren. Diese breite Definition wird in ähnlicher Form auf die Lokalisierung von Videospielen angewandt (vgl. Chandler und Deming 2012, 345; O'Hagan und Mangiron 2013, 8, 104). Nach O'Hagan und Mangiron (2013) umfasst sie „all the many and varied processes involved in transforming game software developed in one country into a form suitable for sale in target territories" (ebd., 19). Mitunter wird mit ‚Videospiellokalisierung' aber auch nur „the actual process of translating the language assets in a game into other languages" (Chandler und Deming 2012, 4) gemeint. Das führte in der Vergangenheit zu terminologischen Diskussionen über die Unterschiede zwischen ‚übersetzen' und ‚lokalisieren' (siehe Ausführungen von O'Hagan und Mangiron (2013, 98–99)).

Die kulturelle Anpassung an den Zielmarkt ist etwas, was allgemein zum Übersetzen dazugehört, in der Lokalisierungsbranche (von Nicht-Übersetzern oder Nicht-Übersetzungswissenschaftlern) jedoch oft als separater oder besonderer

[3] Diese entwickelte sich Mitte der 80er Jahre (vgl. Bernal-Merino 2006, 30).

Schritt angesehen wird (vgl. O'Hagan und Mangiron 2013, 91). Was die Lokalisierung von der Übersetzung abgrenzt, ist vor allem „the fact that it deals with texts which are embedded in a technological platform" (ebd., 92) und die Notwendigkeit von „explicit extraction of translatable elements and their reinsersions into the final product" (ebd., 91–92).

Innerhalb des Forschungsfelds der Videospiellokalisierung gibt es auch Stimmen, die sich allgemein gegen den Terminus wenden: Bernal-Merino (2006, 31–32) zum Beispiel spricht sich für die weniger breite Bezeichnung *translation* oder die Präzisierung „linguistic localisation" (ebd., 32) in der Übersetzungswissenschaft aus, um übersetzerische Tätigkeiten als Einzelschritt der (Videospiel-)Lokalisierung abzugrenzen. Aus letzterem Grund entscheidet sich auch Sanz López (2013, 45) für eine Unterscheidung zwischen „verbaler und non-verbaler Lokalisierung" (ebd.). In der Industrie selbst ist *localization* verbreitet (vgl. O'Hagan und Mangiron 2013, 105).

Wegen der Analogie zur Softwarelokalisierung, dem Gebrauch in der Industrie und der Verwendung in einschlägigen Handbüchern und Monografien wie Chandler und Deming (2012), O'Hagan und Mangiron (2013), Sanz López (2013) und Kim (2019) wird in dieser Arbeit der Terminus ‚Videospiellokalisierung' verwendet. Außerdem wird hier der Definition von Chandler und Deming (2012) gefolgt: „Localization is the actual process of translating the language assets in a game into other languages" (ebd., 4). Diese bietet eine ausreichende und unkomplizierte Basis für die qualitative Analyse der übersetzten *assets*, die Fokus dieser Arbeit ist.

Der Terminus ‚Videospiel' steht in dieser Arbeit stellvertretend für alle Arten von digitalen[4] Spielen, unabhängig von ihrer Plattform (z. B. Computer, Konsolen, mobile Geräte oder Spielautomaten (vgl. Wimmer 2013, 14)). Die Terminologie ist sowohl im englischsprachigen Raum (vgl. O'Hagan und Mangiron 2013, 63) als auch im deutschsprachigen Raum (vgl. Fladerer 2013, 11) uneinheitlich. Die

[4] Digitale Spiele sind Spiele, die „über elektronische Geräte und/oder in digitaler Form vermittelt" (Wimmer 2013, 13) werden. Diese plattformunabhängige Bezeichnung würde die Assoziation von Computerspielen mit PC-Spielen und von Videospielen mit Konsolenspielen vermeiden, erscheint aber, v. a. als Kompositum mit ‚Lokalisierung', weniger gängig.

Benennungen *video game* und *game* sind laut O'Hagan und Mangiron (2013, 65) im akademischen Umfeld sowie in der Lokalisierungsbranche am gebräuchlichsten. Im Deutschen – so zum Beispiel bei Kim (2019) und Sanz López (2013) – scheint sich ebenfalls das ‚Videospiel' eher als das ‚Computerspiel' als gebräuchlicher „Oberbegriff für digitale Spiele" (Kim 2019, 13) anzubieten.

Ein Argument dafür ist, dass die Unterschiede zwischen den Plattformen immer geringer werden (oftmals werden Spiele heute für mehrere Plattformen entwickelt) und für die verbale Lokalisierung keine so große Rolle spielen, dass sie nicht für allgemeine Aussagen zusammengefasst werden könnten (vgl. Wimmer 2013, 14).[5]

Gleichzeitig wird durch die Vielzahl an Plattformen und Genres[6] von Videospielen „das Formulieren einer allgemeingültigen Definition erschwert, wenn nicht sogar unmöglich gemacht" (Sanz López 2013, 12). Essenzielle Merkmale sind in jedem Fall die digitale Form und der Unterhaltungszweck[7] des Videospiels (vgl. O'Hagan 2005, 77; O'Hagan und Mangiron 2013, 19). Beide Aspekte werden in folgender Definition abgedeckt:

> „Videospiele sind […] eine besondere Art des Spiels in Form interaktiver multimedialer Unterhaltung, die von Computertechnologie betrieben und mittels einer Tastatur oder Maus (oder irgendeines anderen peripheren Steuergerätes wie Controller, Steuerkreuz oder Lenkräder) gesteuert und auf jeglicher Art von Bildschirm dargestellt wird." (Sanz López 2013, 14)[8]

Ob ein Spiel lokalisiert wird, hängt in der Regel vom Budget, dem Zeitrahmen und den erwarteten Verkaufszahlen in einer Region ab (vgl. Chandler und Deming

5 Ein Unterschied wäre, dass plattformspezifische Terminologie zu beachten ist, je nachdem, auf welcher Konsole (wessen Herstellers) eine Spielversion laufen soll (vgl. O'Hagan und Mangiron 2013, 132).

6 Siehe O'Hagan und Mangiron (2013, 68) für eine Übersicht der bekanntesten Genres.

7 Auch wenn die Unterhaltung beispielsweise beim Genre der Serious Games durch die Wichtigkeit des Lernaspekts weniger im Vordergrund steht (vgl. O'Hagan und Mangiron 2013, 19, 68–69).

8 Mit dieser Definition präsentiert Sanz López (2013) eine angepasste Variante der ursprünglichen Version von Bernal-Merino (2006, 26). Eine ähnliche Definition findet sich auch bei Kim (2019, 13).

2012, 9–10, 47). Um Geld und Zeit zu sparen, werden Spiele mitunter nur teilweise lokalisiert (vgl. ebd., 10). Wenn das Budget der Entwickler besonders gering ist, werden Spiele manchmal auch mittels Crowdsourcing, also unter Zuhilfenahme von Fans oder anderen Freiwilligen, in eine Zielsprache übertragen (vgl. O'Hagan und Mangiron 2013, 302–3). Bei einem Spiel, das nur teilweise lokalisiert werden soll, wird in der Regel auf die Übersetzung und Aufnahme von Voiceover verzichtet beziehungsweise wird dieses nur in Form von Untertiteln in andere Sprachen übertragen (vgl. Chandler und Deming 2012, 9). Eine vollständige Lokalisierung umfasst nach Chandler und Deming (ebd., 10, 344) neben allen Texten, Grafiken und dem Voiceover im Spiel auch jegliches Begleitmaterial und die Verpackung. Das hier untersuchte Werk *C:BE* ist nach dieser Definition ebenfalls vollständig lokalisiert worden.

2.2. Herausforderungen der Videospiellokalisierung

Im Bereich der Videospiellokalisierung gibt es zahlreiche Herausforderungen, von denen einige allgemein für die Lokalisierung von Software gelten, während andere spezifisch auf Videospiele zutreffen (vgl. Dietz 2006, 121). Dabei gibt es wiederum Parallelen zur audiovisuellen sowie zur literarischen Übersetzung (vgl. Fernández Costales 2012, 404). Das Besondere an Videospielen ist, dass sie interaktiv sind und dabei eine emotionale und immersive Wirkung erzeugen (vgl. Bernal-Merino 2015, 138; O'Hagan und Mangiron 2013, 19). Sie schaffen als Gesamtwerk ein Spielerlebnis, das es mit oberster Priorität zu erhalten gilt: „With games, fidelity takes a different meaning whereby the translator does not have to be loyal to the original text, but rather to the overall game experience" (Mangiron und O'Hagan 2006, 15). Ein erfolgreich lokalisiertes Videospiel wirkt wie ein Original (vgl. O'Hagan 2005, 80). Um an die Zielkultur angepasst zu werden, muss ein Spiel manchmal zu großen Teilen umgeschrieben werden, wie zum Beispiel ein Quiz-Spiel, das viele kulturspezifische Fragen enthält (vgl. Bernal-Merino 2020, 305). In diesem Zusammenhang fällt oft der Begriff *Transcreation* (siehe O'Hagan und Mangiron 2013, 196–200). Laut Mangiron und O'Hagan (2006, 20) sind Übersetzer bei der Videospiellokalisierung besonders frei, vom Originaltext abzuweichen:

> „No oddities should be present to disturb the interactive game experience, and this is the reason why game localisers are granted *quasi* absolute freedom to modify, omit, and even add any elements which they deem necessary to bring the game closer to the players and to convey the original feel of gameplay. And, in so doing, the traditional concept of fidelity to the original is discarded. In game localisation, transcreation, rather than just translation, takes place.“ (Mangiron und O'Hagan 2006, 20, Hervorhebungen im Original)

Der Begriff der Transkreation ist nicht unumstritten (vgl. Sanz-López 2013, 67). Bernal-Merino (2015, 89) hält den Begriff für unnötig, da er keinen Zugewinn gegenüber dem Begriff des Übersetzens sieht. Bei der Übersetzung von Romanen werde beispielsweise genauso frei vorgegangen. Unabhängig von der Nützlichkeit des Begriffs wird deutlich, dass Videospiele potenziell einer verhältnismäßig starken Anpassung an die Zielkultur und -sprache unterworfen werden, ob aus Notwendigkeit oder als Notlösung wegen mangelnder Ressourcen.

In jedem Fall finden sich in Videospielen einige Phänomene, die, wie auch in anderen kreativen Feldern (z. B. Werbung und Theater), besonderen Einfallsreichtum und unter Umständen spezielle kulturelle Kompetenzen verlangen (vgl. Bernal-Merino 2020, 310). Dazu gehören Humor und Wortspiele (vgl. Fernández Costales 2012, 402), Eigennamen und Anredelexeme (vgl. Sanz López 2013, 68–73), „newly created concepts“ (O'Hagan und Mangiron 2013, 159) bei der Benennung von Items, Zaubern und Ähnlichem, Dialekte und Soziolekte (vgl. Sanz López 2013, 78–82), Interjektionen (vgl. ebd., 73–78) und „intertextual references“ (O'Hagan und Mangiron 2013, 176) – intertextuelle und anderweitige Anspielungen (auch Easter Eggs genannt) sind in Videospielen sehr verbreitet (vgl. Mago 2019, 51).

Eine generelle Herausforderung ist die Vielfalt an Texten, die Übersetzern im Bereich der Videospiellokalisierung begegnen können. Spiele sind komplexe Werke und bestehen aus verschiedensten Texttypen (vgl. Chojnowski 2016, 83–84): Innerhalb des Spiels können sich neben Menüs, Einstellungen und anderen Texten der Benutzeroberfläche zum Beispiel Dialoge oder Einzeiler-Aussagen verschiedenster Charaktere finden sowie aufgelistete Namen und Beschreibungen (beispielsweise für Items) und eingebettete Werke wie Zeitschriften, Tagebücher, Log-Einträge, Bücher, Kurzgeschichten, Lieder, Gedichte und Reime (vgl. ebd.;

siehe auch Sanz López 2013, 48–54). Auch *Art Assets* wie Poster oder Schilder in der Spielwelt können übersetzungswürdigen Text enthalten (vgl. Chandler und Deming 2012, 145). Texte, die im Audio-Format oder in filmischen Zwischensequenzen[9] im Spiel erscheinen, bringen weitere Herausforderungen mit sich (vgl. O'Hagan und Mangiron 2013, 125). Zusammenfassend kann sich in einer virtuellen Welt eines Videospiels potenziell jede vorstellbare realweltliche Textform wiederfinden. Außerhalb des Spiels und der sogenannten In-Game-Texte kommen beispielsweise Systemnachrichten, interne Termdatenbanken[10] und Rechtstexte wie Endbenutzer-Lizenzverträge hinzu (vgl. Chojnowski 2016, 84).

In den verschiedenen Spielgenres, aber auch innerhalb eines einzelnen Spiels, sind unterschiedliche Jargons zu übersetzen, beispielsweise Sportjargon oder Slang (vgl. Bernal-Merino 2007, 3; Mangiron 2007, 312). In Bezug auf Vorgängerspiele oder auch innerhalb eines Genres oder der Gaming-Szene allgemein ist auf bereits etablierte Terminologie zu achten (vgl. Dietz 2007, 3; Sanz López 2013, 66) – erfahrene Spieler haben in der Regel eine hohe Erwartungshaltung und Fans können mitunter sehr kritisch sein (vgl. Fernández Costales 2012, 395; Mangiron 2007, 316; O'Hagan und Mangiron 2013, 91). Darüber hinaus enthalten manche Spiele – allen voran hochgradig spezialisierte Simulationen wie Flug- oder Militärsimulatoren oder auch Sportspiele (vgl. O'Hagan und Mangiron 2013, 70) – sehr spezifische Fachterminologie, für die eine Vertrautheit mit dem jeweiligen Fachgebiet erforderlich ist (vgl. Dietz 2007, 3).

Wie in der Softwarelokalisierung allgemein gibt es häufig Platzbeschränkungen für die Übersetzungen, die im schlimmsten Fall nur mithilfe schwierig verständlicher Abkürzungen eingehalten werden können (vgl. Fernández Costales 2012, 399; Sanz López 2013, 89). Weitere Herausforderungen des Mediums ergeben sich aus seiner Interaktivität: Wenn das Geschlecht eines Charakters frei wählbar oder unklar ist, führt das in Sprachen, die bestimmte grammatische Strukturen an das Geschlecht anpassen müssen (z. B. Partizipien im Französischen oder Nomen

[9] Beides ist in *C:BE* vorhanden.

[10] Diese listen z. B. Wörter auf, die von den Spielern in einem Chat im Spiel (nicht) verwendet werden können, beispielsweise zur Zensur von Schimpfwörtern mit Asterisken (vgl. Chojnowski 2016, 84).

wie ‚Freund'/‚Freundin' im Deutschen) zu Problemen (vgl. Chojnowski 2016, 89–90). Eine Lösung kann es sein, bei der Programmierung beispielweise *Tags* einzusetzen, die je nach Geschlecht des Protagonisten erscheinen (vgl. ebd., 90). In *C:BE* wurde mit der Problematik professionell umgegangen und es finden sich umfangreiche Tags in der Lokalisierungsdatei, wie hier:

(1) a. The {1_playerCiv} has been eliminated!

*b. {@1: plural 1?{@1: gender *:vowel?Das ; masculine?Der ; feminine?Die ; other?;}; other?Die ;}{@1_playerCiv[5]} {@1: plural 1?wurde;2?wurden;} eliminiert [sic!]*[11] *[FAILURE_PLAYER_ELIMINATED]*[12]

Auch bei der Übersetzung von Text mit Variablen kann die Grammatik der Zielsprache zu Schwierigkeiten führen, da verschiedenste Wörter oder Phrasen (die z. B. unterschiedliche Artikel, Kasusendungen oder Präpositionen erfordern) an eine einzige, bestimmte Stelle im Satz passen müssen (vgl. ebd., 91–92). Die Behandlung solcher und ähnlicher sprachspezifischer Probleme sollte schon vor der Lokalisierung (während der Entwicklung) geplant werden, im Rahmen der sogenannten Internationalisierung (vgl. O'Hagan und Mangiron 2013, 89–90), einem Prozess „to develop the original games in a localization-friendly manner" (ebd., 57).

Nicht nur aus grammatikalischen Gründen sind Kontextinformationen elementar für die Übersetzung. Oftmals erhalten Übersetzer jedoch Dateien mit Text-Strings ohne (chrono-)logische Reihenfolge und mit wenigen Informationen dazu, wo der jeweilige String im Spiel erscheinen wird (vgl. O'Hagan 2005, 79; Chojnowski 2016, 86). Dieser Kontextmangel kann zum Beispiel bei mehrdeutigen Lexemen und bei Deiktika zu Fehlentscheidungen führen (vgl. Chojnowski 2016, 88–89; Sanz López 2013, 87–88). Manchmal ist nicht einmal klar, wer Adressant und Adressat einer zu übersetzenden Aussage (z. B. in einem Dialog) sind (vgl. Chojnowski 2016, 89). In der Regel haben Übersetzer keinen Zugriff auf das Spiel, wo sie sich Kontextinformationen einholen könnten (vgl. ebd., 76). Das kann daran liegen, dass das Spiel noch nicht fertig ist, oder auch am Urheberrechtsschutz (vgl.

[11] Das Ausrufezeichen scheint im Zieltext vergessen worden zu sein.

[12] Die Quellenangabe der Korpus-Beispiele gibt die individuelle String-ID des Segments an, die so in der Datei vorgefunden wurde.

Bernal-Merino 2007, 2). Im Idealfall können Nachfragen an die Entwickler gerichtet werden; andernfalls müssen Übersetzer ihr Videospielgenrewissen anwenden, „the translator's good feeling of what a game should look like" (O'Hagan 2005, 80).

All diese Schwierigkeiten werden durch einen meist sehr straffen Zeitplan verschärft: Die Lokalisierung muss vor der (häufig unveränderlichen) Frist des offiziellen Spiel-Release erledigt werden – auch dann, wenn technische oder andere Probleme die Fertigstellung des Spiels in der Originalsprache verzögert haben (vgl. Bernal-Merino 2007, 2; Kim 2019, 91–92). Zeit- und Kontextmangel sowie unzureichende Internationalisierung im Entwicklungsprozess des Spiels sind laut O'Hagan und Mangiron (2013, 309) elementare Herausforderungen für die Qualität bei der Videospiellokalisierung. In der Korrekturphase, der *Linguistic Quality Assurance*, wird der Fokus auf die Spielbarkeit gelegt und grobe Fehler (gerade aus Kontextmangel) können noch ausgemerzt werden, doch auch hier muss in der Regel Pragmatismus vor Perfektion gehen (vgl. Bernal-Merino 2020, 306). Dass das Spiel nicht spielbar ist, weil wichtige Informationen für das Vorankommen im Spiel nicht oder falsch vermittelt wurden, wäre eine gravierende Folge von mangelhafter Lokalisierung (vgl. Dietz 2007, 2).

2.3. Besonderheiten des Sci-Fi-Strategiespiels

Nun werden die spezifischen Merkmale und Erfordernisse des für diese Arbeit relevanten Genres betrachtet. Die Einteilung von Videospielen in Genres ist nicht einfach, da es innerhalb etablierter Genres einen großen Variantenreichtum gibt und zwischen ihnen viele Hybridformen existieren (vgl. Fernández Costales 2012, 403; O'Hagan und Mangiron 2013, 66, 70). *Sid Meier's Pirates!* (1987) ist zum Beispiel eine Mischung aus „Adventure, Action, Handel, Rollenspiel und Strategie" (Wiemer 2008, 242n). Trotzdem ist das Genre ein hilfreicher Indikator für einige zentrale zu erwartende Eigenschaften, den Textumfang eines Spiels[13] und

[13] Bspw. umfasst ein RPG in der Regel besonders viel Text (vgl. O'Hagan und Mangiron 2013, 154) – umfangreiche Videospiele erreichen heutzutage nicht selten eine Million Wörter (vgl. Chojnowski 2016, 72) – und ein Flugsimulator kann durchaus mehrere Hunderttausend Wörter enthalten, während man bei Action- oder Jump'n'Run-Spielen mit weniger Text rechnen muss (vgl. Dietz 2006, 121).

die erforderlichen Kompetenzen für eine Lokalisierung (vgl. O'Hagan und Mangiron 2013, 70). Unter anderem hat laut Sanz López (2013, 28) das Genre eines Spiels einen großen Einfluss darauf, in welchem Verhältnis darin informative, operative oder expressive Texttypen (nach Reiß 1983) vorkommen. Ihres Erachtens „ist der Anteil an informativen Texten in Strategie- und Denkspielen hoch" (Sanz López 2013, 28), während zum Beispiel Rollen- und Abenteuer-Spiele einen größeren „Anteil an expressiven Texten oder Mischtypen mit operativem Anteil" (ebd.) aufweisen.

Das Untersuchungsobjekt dieser Arbeit, *C:BE*, kann als rundenbasiertes Strategiespiel (auch bekannt als *turn-based strategy game* oder *TBS game*) eingeordnet werden. Strategiespiele „place the player in a strategic conflict to be resolved" (O'Hagan und Mangiron 2013, 68). Im Fall von *C:BE* besteht der Konflikt darin, dass die Menschheit einen Neuanfang auf einem neuen Planeten wagt und dabei der Spieler das Überleben der eigenen Kolonie in einer gefährlichen Umwelt sowie gegenüber anderen, potenziell feindlich gesinnten Nachbarkolonien sichern muss. Anders als bei Echtzeit-Strategiespielen (*real-time strategy game* oder *RTS game*) kann der Spieler in jeder Runde in Ruhe planen und entscheiden, was als Nächstes passieren soll, ohne dass Spielzeit abläuft oder unmittelbare Reaktionen auf das Verhalten der KI nötig wären (vgl. Voorhees 2009, 263).

C:BE könnte noch spezifischer als 4X-Spiel klassifiziert werden. ‚4X' steht für die Stichworte ‚explore', ‚expand', ‚exploit' und ‚exterminate', die vom Journalisten und Designer Alan Emrich zur Beschreibung des in der Szene bekannten Klassikers aus dem Jahr 1993 *Master of Orion* verwendet wurden (vgl. Tringham 2015, 383). Tringham (ebd.) räumt dabei ein, dass das Auslöschen (‚exterminate') kein zwingender Bestandteil eines 4X-Spiels ist,[14] und schlägt folgende Definition vor:

> „[A] 4X game models the evolution of a developing civilization over many years, simulating complex interactions between the economy, social system,

[14] Genauso sieht es Bainbridge (2018, 117) und bietet explizit für Weltraum-Sci-Fi-4X-Spiele die Umdeutung der vier X in „EXplore, EXpand, EXploit, and EXperiment. Or: EXplore EXciting EXtraterrestrial EXotics" (ebd.) an.

scientific research and trade, diplomacy, and conflict with other (usually computer controlled) cultures.“ (Tringham 2015, 383)

Charakteristisch für 4X-Spiele ist unter anderem die Perspektive des Spielers. Statt die „interne Perspektive“ (Kocher 2007, 59) eines einzelnen Avatars einzunehmen (in der First- oder Third-Person-Perspektive wie im Shooter- oder Rollenspiel-Genre (vgl. Krapp 2019, 47)), blickt der Spieler von oben, „in isometrischer Perspektive“ (Wiemer 2008, 230), auf ein Spielbrett oder eine Karte (vgl. Tringham 2015, 383). Teilweise (insbesondere in der genreprägenden *Civilization*-Reihe) wählt der Spieler zu Beginn zwar einen Anführer als Stellvertreter einer bestimmten Nation aus, doch dieser ist, wenn überhaupt, nur in bestimmten Situationen oder Sequenzen zu sehen. Dinehart (2009, 70) merkt zu den in diesem Fall mit rundenbasierten Strategiespielen vergleichbaren Echtzeit-Strategiespielen an:

> „What is most interesting from a storytelling standpoint is the perspective, or seeming lack thereof. The games seem to have little to do with the stories of individual characters. They exist somewhere between second person omnipotent and third person.“ (Dinehart 2009, 70)

Daraus ergibt sich eine spezielle Anrede-Situation, die für die Lokalisierung eine besondere Herausforderung darstellen kann, wie sich später noch herausstellen wird. In Videospielen kann es generell vorkommen, dass nicht sicher ist oder sich kurzfristig ändert, an wen sich ein Text (egal, ob schriftlich über das User Interface oder mündlich von einem Charakter präsentiert) richtet – wer der Adressat ist (vgl. Carr 2006, 40–41). Grundsätzlich könnte dies, gerade bei direkten Anreden, der fiktive Charakter sein, mit dem sich der reale Spieler identifiziert, oder auch der reale Spieler, wenn auf einer Meta-Ebene über das Spiel geredet wird, zum Beispiel über Einstellungen, Steuerung oder Punkte (vgl. ebd). Diese Ebenen können sich jedoch vermischen, wenn beispielsweise ein Charakter im Spiel unter sonstiger Wahrung der Fiktion die Spielregeln erklärt, und in Texten ohne direkte Anrede (z. B. Tagebucheinträge oder einfach nur Erzählungen oder Beschreibungen) ist der Adressat weder fiktiver Charakter noch realer Spieler. Er ist stattdessen, was Carr (2006) einen „implied player“ (ebd., 41) nennt, ein implizierter Spieler oder Leser (vgl. ebd., 40–41). Dass sich der Adressat ständig ändern kann (die „mobility“ (ebd., 41) des implizierten Spielers), kann in Strategiespielen, die hauptsächlich in der Vogelperspektive bleiben und über eingeblendete Texte kommunizieren, zu Unklarheiten führen. Nicht in allen Strategiespielen richten sich die Texte wie im weiteren Genreklassiker *Imperialismus* (1997) mit Anreden wie ‚Eure Exzellenz‘ klar an einen fiktiven Herrscher, den der Spieler verkörpert.

Worauf genau man sich bei der Lokalisierung eines Strategiespiels einstellen muss, hängt zu einem großen Teil vom „embedded genre“ (O’Hagan und Mangiron 2013, 153) ab. In einigen Strategiespielen – so auch in den Spielen der *Civilization*-Reihe vor *C:BE* – handelt es sich um das Untergenre Geschichte (vgl. Caldwell 2004, 43). Hier können historisch korrekte Termini oder auch altertümlich anmutende Sprache gefordert sein (vgl. Bernal-Merino 2015, 199). Viele 4X-Spiele, insbesondere die genreprägenden Klassiker – und als Novum der *Civilization*-Reihe[15] auch *C:BE* – gehören aber dem Sci-Fi-Untergenre an (vgl. Tringham 2015, 384).

Allgemein ist es für bestimmte Spiele essenziell, die korrekte Fachterminologie zu verwenden, beispielsweise die korrekten Termini für die Bauteile eines Flugzeugs, „to achieve a great degree of authenticity and realism through accurate [...] verbal representation for the given domain“ (O’Hagan und Mangiron 2013, 70). Dies unterstreicht die allgemeine „importance of games achieving a level of make-believe“ (ebd.) und ist auch ein elementarer Aspekt für Sci-Fi-Spiele. In der Science-Fiction werden neue (oft zukünftige[16]) Welten geschaffen (vgl. Stockwell 2000, 115; Klug 2009, 132), in denen es neuartige Phänomene, Gegenstände und Kreaturen gibt, die benannt (vgl. Weber 2016, 250) und (pseudo-)wissenschaftlich erklärt werden müssen (vgl. Klug 2009, 134).

> „For SF games, the translation has to maintain the appropriate level of pseudo-technological jargon and fit within the tone of the game. Therefore,

15 Sid Meier schuf jedoch schon 1999 mit *Sid Meier's Alpha Centauri* ein rundenbasiertes Sci-Fi-Strategiespiel. Als Hommage an *Alpha Centauri* enthält *C:BE* mehrere Easter Eggs, z. B. den ‚Transzendenz-Sieg‘ (vgl. Grabianowski 2014, k. A.).

16 Science-Fiction kann jedoch genauso in einer fiktiven/alternativen Gegenwart oder Vergangenheit spielen – Letzteres ist z. B. typisch für das Genre *Steampunk* (vgl. Klug 2009, 133).

on the fantasy/SF end of the game spectrum, the task of the translator involves creating a consistent tone, be it of pseudo-medieval myth or gritty cyberpunk in order to maintain the illusion created by the game.“ (Dietz 2006, 124)

„[P]seudo-technological jargon“ (ebd.) findet sich auch in *C:BE.* Dort werden Technologien der Zukunft mitunter mit fiktiven Fachbegriffen (Neologismen) benannt (z. B. ‚Startographer‘, im Dt. ‚Sternograf‘ [STARTOGRAPHER_DESCRIPTION]), doch es wird auch sehr viel reale Fachterminologie aus verschiedensten Bereichen genutzt (z. B. (Astro-)Physik, Geowissenschaften, Genetik, Biologie und Militär). Die meisten Technologien im Spiel bauen auf realen oder vorstellbaren Technologien auf, um trotz Fiktion Glaubhaftigkeit zu erzeugen (vgl. Grabianowski 2014, k. A.). Lead Designer Will Miller führt dazu aus: „We want to maintain the suspension of disbelief throughout the game, even if you’re flying giant castle-cum-battleship LEV Destroyers“ (Grabianowski 2014, k. A.).

Dass den Designern Authentizität und Immersion wichtig war, zeigt sich auch darin, dass in *C:BE* viel Wert auf zusätzliche Hintergrundinformationen gelegt wurde – beispielsweise finden sich in der Zivilopädie (einem In-Game-Lexikon) Unmengen an fiktiver Geschichte. So schreibt auch das Unternehmen, das mit der deutschen Lokalisierung von *C:BE* betraut war, zum Projekt:

> „Der Titel führt mit seiner wissenschaftlichen Genauigkeit und Weitsicht die Tradition klassischer Sciencefiction-Literatur der 60er Jahre fort. So haben die Beschreibung völlig neuer technologsicher Systeme, eine Geschichtsschreibung, die am heutigen Tag noch in der Zukunft liegt, und die nachvollziehbare Darstellung futuristischer Technologien die Lokalisierung von Civilization Beyond Earth unglaublich spannend und lehrreich gemacht.“ (Effective Media 2014, k. A.)

3. Untersuchung von funktionalen Faktoren

Nachdem im vorherigen Kapitel die Herausforderungen und Eigenheiten der Videospiellokalisierung beleuchtet wurden, geht es nun darum, das theoretische Rüstzeug zu liefern, das für die pragmatisch-funktionale Analyse nötig ist, die in Kapitel 5 durchgeführt wird. Die Grundlage der Analyse bildet das Qualitätsanalysemodell von House (2015). Dieses Modell basiert auf „pragmatic theory, Hallidayan systemic-functional linguistics, notions developed in the framework of the Prague school of language and linguistics, register theory, stylistics and discourse analysis“ (House 2015, 21). Es wäre nicht zielführend, all diese Schulen und Theorien an dieser Stelle einzuführen. Besonders wichtig, allein schon für das Verständnis des Modells, ist jedoch die systemisch-funktionale Linguistik.

3.1. Systemisch-funktionale Linguistik

Der systemisch-funktionale Ansatz ist ein funktionaler Ansatz, der sich nach der Meinung von House (2018, 73) besonders für die Übersetzungswissenschaft eignet, weil der Zusammenhang zwischen Form und Funktion im Vordergrund steht. Sprache ist in der systemisch-funktionalen Linguistik eines von mehreren Systemen der Bedeutung – ein semiotisches System (vgl. Halliday 2009, 60). Dieses System kann genauer als „a conventionalized coding system, organized as sets of choices“ (Eggins 1994, 3) beschrieben werden. Der funktionale Aspekt zeigt sich darin, dass sich die systemisch-funktionale Linguistik damit beschäftigt, wie Sprache verwendet wird und wie sich die Verwendung strukturell in der Sprache widerspiegelt (vgl. ebd., 2). Von grundlegender Bedeutung für die Textanalyse dieser Arbeit sind die hallidayschen Metafunktionen (bzw. funktionalen Komponenten) und die drei Parameter des situativen Kontextes, die sich sprachlich in Texten niederschlagen.

Nach Halliday (1979, 186–87) untergliedert sich Sprache als System in drei funktionale Komponenten: die ideationale, die interpersonale und die textuelle. Die ideationale Komponente bezieht sich auf die Funktion des Reflektierens („to organize, understand and represent our perceptions of the world and of our own consciousness“ (Bloor und Bloor 2013, 13)), die interpersonale Komponente auf die Funktion des Handelns („to participate in communicative acts with other people, to take on roles and to express and understand feelings, attitude and judgements“ (ebd.)) und die textuelle Komponente auf die Funktion des Textbildens („to relate what is said (or written) to the rest of the text and to other linguistic events; [...] to organize the text itself“ (ebd.)) (vgl. Halliday 1979, 2, 187). Die drei funktionalen Komponenten sind recht unabhängig voneinander (vgl. ebd., 187). Wenn ein bestimmter Inhalt (ideationale Komponente) vermittelt werden soll (z. B., dass immer mehr Frauen Videospiele spielen), dann kann dies auf verschiedenste Weisen geschehen, die die interpersonale Komponente betreffen – als Aussage oder (z. B. rhetorische) Frage, mit einer bestimmten Intention, einer bestimmten Einstellung und mit Informationsangaben zur Wahrscheinlichkeit oder Sicherheit der Aussage (vgl. ebd., 187–88). Da die funktionalen Komponenten charakteristisch für das komplette System ‚Sprache‘ sind, sind sie auch in jedem Text auffindbar (vgl. Halliday 1977, 42) – und damit relevant für die Textanalyse.

Die Situation beziehungsweise der situative Kontext eines bestimmten Textes ergibt sich nach Halliday (1979, 143) aus den drei Komponenten *Field*, *Tenor* und *Mode*. Field bezieht sich auf das Geschehen, Tenor auf das soziale Verhältnis der Kommunikationsteilnehmer und Mode auf die Art der Interaktion (vgl. ebd., 189). Diese Komponenten der Situation hängen eng mit den Metafunktionen zusammen (vgl. ebd.). Field beeinflusst typischerweise die ideationale Funktion, Tenor die interpersonale Funktion und Mode die textuelle Funktion und umgekehrt (vgl. ebd., 143; Halliday und Matthiessen 2014, 34). Auf die drei situativen Parameter wird bei der Erläuterung des Qualitätsanalysemodells detaillierter eingegangen.

Sprachlich schlägt sich die ideationale Funktion im System der Transitivität nieder und die interpersonale Funktion in Modus und Modalität (vgl. Halliday 1977, 42; Halliday und Matthiessen 2014, 21, 87): Transitivität beinhaltet, welche Prozesse und Teilnehmer dieser Prozesse in einem Satz gewählt werden (vgl. Halliday und Matthiessen 2014, 213), Modus meint, ob zum Beispiel ein Deklarativ-, Interrogativ- oder Imperativ-Modus verwendet wird (vgl. ebd., 160–66) und Modalität bezieht sich darauf, inwiefern mithilfe lexikogrammatischer Mittel Wahrscheinlichkeit, Wahrheitsgehalt, Erwünschtheit oder Verbindlichkeit ausgedrückt werden (vgl. ebd., 144, 182).

Ein weiterer Terminus, der für das Analysemodell von House von Bedeutung ist, ist das Register. Halliday (1979, 183) betrachtet Sprache nicht nur als System, sondern auch als Institution, womit er meint, dass Sprache Variationen aufweist. Er unterscheidet dabei zwischen Dialekt („variation according to the *user*" (ebd., Hervorhebungen im Original)) und Register („variation according to the *use*" (ebd., Hervorhebungen im Original)). In verschiedenen Kontexten beziehungsweise Kommunikationssituationen wählen Kommunikationsteilnehmer je nach wahrgenommenem Field, Tenor und Mode – mit anderen Worten, je nachdem, wer mit wem auf welche Weise worüber spricht und welche weiteren kontextuellen Informationen außerhalb des gesprochenen/geschriebenen Wortes vorliegen – unterschiedliche Register (vgl. ebd., 189). Für den Einfluss des Parameters Tenor geben Halliday und Matthiessen (2014, 34) das Beispiel, dass die lexikogrammatischen Möglichkeiten begrenzt sind, wenn jemand eine fremde Person mit höherem sozialen Status zu einer Handlung bewegen möchte, und statt eines Imperativs so etwas wie ‚Wären Sie vielleicht so freundlich…' angebracht wäre.

Insgesamt wird in der systemisch-funktionalen Linguistik Folgendes deutlich: „A piece of wording – sentence, clause, phrase or group – is the product of numerous micro-acts of semantic choice" (Halliday 1979, 150).

3.2. Qualitätsanalysemodell von House

House (1981; 1997b; 2015) hat ein Modell entwickelt, mit dem man eine Übersetzung mit ihrem Ausgangstext vergleichen kann, um die Qualität der Übersetzung einzuschätzen. Maß aller Dinge ist dabei die Funktion des Textes – diese soll beim Ausgangs- und Zieltext so ähnlich sein wie möglich (vgl. House 2015, 30, 63). Die Funktion eines Textes definiert House (ebd., 27) als dessen Verwendung in einer bestimmten Situation. Damit die Übersetzung „optimal quality" (House 1997b, 42) hat, muss nicht nur die Textfunktion möglichst äquivalent sein, sondern es sollen auch möglichst äquivalente Mittel eingesetzt werden, um die Funktion zu erreichen (vgl. ebd.). Die Textfunktion ergibt sich aus dem Genre des Textes und dem oben angesprochenen Register (vgl. House 2015, 65). Das Genre bietet Informationen zum Makro-Kontext des Textes – welche Funktionen

Texte eines bestimmten Genres in einem bestimmten Kulturkreis in der Regel erfüllen (z. B. Unterhaltung im Falle eines Kinderbuches) (vgl. ebd., 64, 79). Das Register bezieht sich dagegen auf den Mikro-Kontext (vgl. ebd.), auf eine „variety of a language used in a particular socio-cultural context for a particular purpose" (House 2018, 185), und Register sind „different configurations of lexical and grammatical units […], with different register choices realizing different genres" (House 1997b, 105–106). Das Register setzt sich wiederum aus den drei Dimensionen zusammen, die Halliday (1979) als Parameter des situativen Kontextes einführte: Field, Tenor und Mode (siehe Abb. 1).

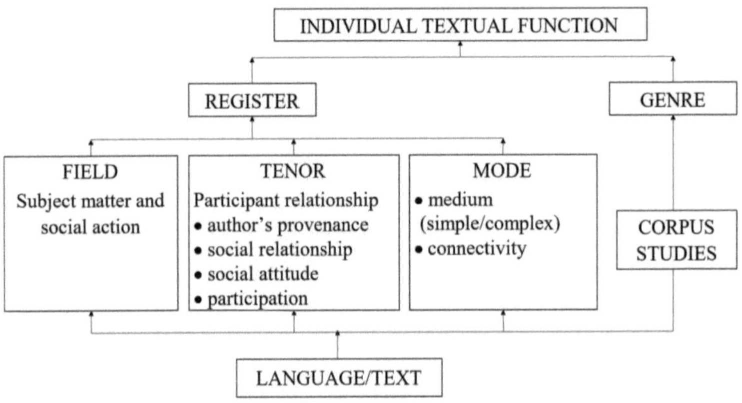

Abb. 1: Schema für den Textvergleich zur Qualitätsanalyse (Quelle: House 2015, 127)

Grob gesagt sind es also das Thema des Textes (Field), das Verhältnis der Kommunikationsteilnehmer (Tenor), der Kommunikationskanal (Mode) und die damit einhergehenden sprachlichen Entscheidungen, die das Register – einen Hauptaspekt der Textfunktion – ausmachen (vgl. House 1997b, 106). Innerhalb dieser drei Registerdimensionen unterscheidet House (2015, 27–28) verschiedene Situationsdimensionen und Unterrubriken, die dazu dienen, die Situation, in die der Text eingebettet ist, in analysierbare Kategorien aufzuschlüsseln. Die Situationsdimensionen unterteilen sich in die „Dimensionen des Sprachverwenders" (House 1997a, 30) und die „Dimensionen der Sprachverwendung" (ebd.). Die Dimensionen des Sprachverwenders beinhalten die geographische, soziale und zeitliche

Herkunft des Autors (zusammenfassbar als „author's provenance" unter Tenor (siehe Abb. 1)[17]) (vgl. House 2015, 27–28, 64). Alle weiteren Kategorien gehören zu den Dimensionen der Sprachverwendung: Unter Field fällt das Fach- oder Tätigkeitsgebiet, das im Text zum Ausdruck kommt (*Province*). Unter Tenor werden das Rollen- oder Machtverhältnis zwischen den Kommunikationsteilnehmern (*Social Role Relationship*), die soziale Nähe oder Distanz zwischen ihnen (*Social Attitude*) und die Teilhabe beziehungsweise Einbeziehung des Adressaten (*Participation*)[18] untersucht (vgl. ebd., 29–30, 126). Als weitere Unterkategorie von Tenor kann die persönliche, intellektuelle oder emotionale Einstellung des Adressanten gegenüber im Text erwähnten Inhalten oder Personen (*Stance*) analysiert werden (vgl. ebd., 130; Baumgarten, House, und Probst 2004, 88). Unter Mode, der verbleibenden Registerdimension, wird der Kommunikationskanal betrachtet (*Medium*) – ob der Text schriftlich, mündlich oder eine Mischform ist (vgl. House 2015, 28).

Die Situationsdimensionen tragen allesamt zu den zwei hallidayschen Funktionskomponenten der Textfunktion – der ideationalen und der interpersonalen – bei (vgl. House 1997b, 42).[19] Das heißt, sie beeinflussen im Wesentlichen den Ausdruck des Inhalts und den Ausdruck der Einstellung des Adressanten, seines Verhältnisses zu den Adressaten und seines Einflusses auf sie (vgl. House 2015, 25). All diese Elemente der Textfunktion können sich sprachlich im Text niederschlagen – in verschiedenen lexikalischen, syntaktischen und textuellen Mitteln (vgl. House 1997b, 43).

Um die Qualität einer Übersetzung mit dem Modell von House (2015) einzuschätzen, wird zunächst der Ausgangstext entlang der Register- und Situationsdimensionen analysiert und nach konkreten sprachlichen Mitteln untersucht. Daraus ergibt sich ein Textprofil, aus dem die Textfunktion abgeleitet werden kann, die

17 Abbildung 1 listet bis auf eine Ausnahme (bei Field) alle Situationsdimensionen auf. *Connectivity*, unter Mode, wird nicht explizit als Situationsdimension vorgestellt, sondern nur als ein analysierbarer Aspekt neben Medium und der Thema-Rhema-Aufteilung (vgl. House 2015, 27).

18 Die Situationsdimension Participation ist im neusten Modell von House (2015) von Mode nach Tenor umsortiert worden.

19 Hallidays (1979) textuelle Komponente bzw. Metafunktion steht laut House (2015, 25) nicht auf derselben Stufe wie die anderen beiden und ist nicht als Funktion anzusehen.

als Maßstab für die Qualität des Zieltextes dient (vgl. House 2015, 63). Es folgt der Vergleich mit dem Zieltext, wobei alle wesentlichen Abweichungen auf den Register- und Situationsdimensionen und in Bezug auf die funktionalen Komponenten vorgestellt werden. House (1997b, 45) betrachtet solche Dimensionsabweichungen als Fehler, unterscheidet sie aber als „covertly erreneous errors" (ebd.) von „overtly erroneous errors" (ebd.) wie Rechtschreib- und Grammatikfehlern oder denotativen Fehlgriffen, die keiner intensiven Analyse bedürfen, um sie zu erkennen. Zum Schluss wird ein Qualitätsurteil gegeben.[20] ‚Qualität' bedeutet nach House (2015) also letztlich „[t]he degree to which the textual profile and function of the translation (as derived from an analogous analysis) match the profile and function of the original" (ebd., 63). ‚Qualität' ist ein schwierig zu definierendes Konzept (vgl. Bernardo 2007, 2–3). Der Ansatz von House (2015) könnte als Spezifizierung der allgemeineren Definition angesehen werden, dass Qualität „die Erfüllung definierter Erwartungen" (Schmitt 1998, 394) sei.

Allgemein definiert House (2015) Übersetzen als „the replacement of a text in the source language by a semantically and pragmatically equivalent text in the target language" (ebd., 63). Die Erhaltung der Textfunktion als oberste Priorität setzt voraus, dass es sich um eine Art von Übersetzung handelt, bei der der Zieltext für die neue Zielkultur wie ein Original erscheinen soll – eine verdeckte Übersetzung (*Covert Translation*) (vgl. ebd., 66–67).[21] Um dies zu erreichen, kann die Anwendung eines kulturellen Filters (*Cultural Filter*) nötig sein; es können also mit der Begründung des Funktionserhalts für die Zielkultur Änderungen auf Sprach- und Registerebene vorgenommen werden (vgl. ebd., 67).

Dabei sind auch „communicative preferences" (ebd.), also in einer Sprache vorherrschende stilistisch-pragmatische Tendenzen oder Konventionen, zu beachten

20 Für eine Beispielanalyse nach dem neusten Modell, siehe House (2015, 127–41).

21 Als andere Art von Übersetzung sieht House (2015) die offene Übersetzung (*Overt Translation*) an, bei der der Fakt, dass es sich beim Zieltext um eine Übersetzung handelt, nicht verschleiert wird, sondern offensichtlich ist (z. B. bei der Übersetzung einer historischen Rede) und daher die Anpassung an die Zielkultur unnötig oder unerwünscht ist – die Textfunktion des Zieltextes muss nicht äquivalent sein und wird von einer zusätzlichen Funktion eingebettet, z. B. der Funktion, über ein historisches Ereignis zu informieren (vgl. ebd., 65–66).

(vgl. ebd.). House (ebd., 88) nennt fünf Tendenzen, die sich in früheren kontrastiven Studien für die Sprachen Englisch und Deutsch ergeben haben: Das Deutsche erschien expliziter und wies mehr Ad-hoc-Formulierungen, eine höhere Direktheit, einen größeren Fokus auf den Inhalt als auf Adressaten und mehr Selbstreferenzen auf. Generell habe die interpersonale Funktionskomponente im Deutschen eine geringere Bedeutung als im Englischen (vgl. Baumgarten, House, und Probst 2004, 103). Daher empfiehlt House (2015, 96), bei der Einschätzung von Übersetzungen Korpusstudien miteinzubeziehen und integriert sie in ihr neustes Modell (vgl. ebd., 141; siehe Abb. 1). Sie räumt jedoch ein, dass noch viel Forschungsarbeit zu leisten sei (vgl. ebd., 68, 121).

Es ist insgesamt wichtig, festzuhalten, dass die Einschätzung von Qualität im Modell von House (2015) und in der Analyse dieser Arbeit kein Werturteil im Sinne von ‚gut' oder ‚schlecht' sein soll, wie es „on the basis of social, political, ethical or moral norms or individual persuasion" (House 2015, 143) gefällt werden könnte (vgl. ebd). Mit dem Modell ist House (2005) zufolge „Funktionsäquivalenz [...] empirisch feststellbar" (ebd., 81). Es soll so objektiv vorgegangen werden, wie es denn bei der Einschätzung von Adäquatheit möglich ist (vgl. House 2018, 95).

Bezogen auf die Videospiellokalisierung könnte die Erhaltung des Spielerlebnisses als wichtigstes Qualitätsmerkmal betrachtet werden. Ob das Spielerlebnis des Originals äquivalent in die zielsprachliche Version übertragen wurde, lässt sich schwierig beurteilen und kann letztlich nur durch Rezeptionsstudien zur Wirkung überprüft werden (vgl. Mangiron 2018, 129). Von Interesse ist in dieser Arbeit der Anteil des Spielerlebnisses, der durch die Sprache entsteht – der Aspekt, der bei der Lokalisierung von Übersetzern beeinflusst wird. Sprache dient in Spielen laut Dietz (2006, 124) in erster Linie dazu, „to lead the player onward, to give instruction, to provide clues and to motivate" (ebd.), und in einer erfolgreichen Übersetzung müsse sich jede dieser Funktionen wiederfinden. O'Hagan und Mangiron (2013, 154) räumen trotz ihrer Betonung übersetzerischer Freiheiten und des Fokus auf den Zieltext ein, dass „game localization is required to largely retain the function of the original game assets" (ebd.). Bernal-Merino (2015, 200) spricht zudem die Wichtigkeit der möglichst äquivalenten Übertragung der lexikogrammatischen Mittel des Originalspiels an, also das, was mit dem hier angewandten Qualitätsanalysemodell untersucht werden soll:

> „[A] very similar degree of rigour and creativity is required for the translations, effected by weaving similar networks between all levels of language, between the lexico-semantic, the syntactical, the morphological, the phonological and the audiovisual elements of the game." (Bernal-Merino 2015, 200)

3.3. Kategorien und lexikogrammatische Phänomene für die Analyse

Nun stellt sich die Frage, wie die Register- und Situationsdimensionen des Modells von House (2015) konkret im Text analysiert werden können. Es wird nur auf die Dimensionen oder Phänomene eingegangen, die relevant für die Analyse sind. Dort wurde der Fokus auf die Registerdimension Tenor gelegt. Es war also von Interesse, „[h]ow the author, the reader, and maybe the persons in the text relate to each other through the text" (House 2018, 88). Dieses Verhältnis kann nach House (2015, 126) analysiert werden, indem „lexical and syntactic choices are examined along the subcategories of Stance, Social Role Relationship, Social Attitude and Participation" (ebd.). Welche lexikogrammatischen Indizien Rückschlüsse auf diese Kategorien ermöglichen, wird nun für die einzelnen Situationsdimensionen zusammengetragen. Die Kategorie Stance, die von House (2015) nicht als eigene Situationsdimension eingeführt wurde, wurde in der Analyse nicht systematisch untersucht. Daher wird sie hier nicht ausführlich vorgestellt, aber im Zusammenhang mit der Dimension Social Attitude erwähnt.

3.3.1. Participation

Bei der Einbeziehung des Adressaten, Participation, unterscheidet House (2015, 64) zunächst zwischen Monologen und Dialogen.[22] Wenn es keine Anzeichen für die Einbeziehung des Adressaten gibt, ordnet sie den Mono- oder Dialog als

[22] Die Kategorie hat House (2015) von Crystal und Davy (1974, 69–70) übernommen, die ebenfalls die Unterscheidung zwischen Mono- und Dialog vornehmen.

simple ein, während sie einen Mono- oder Dialog mit vielen „addressee-involving linguistic mechanisms“ (ebd.) als *complex* einstuft (vgl. ebd.). Diese Mechanismen können auch indirekt sein und umfassen nach House (2015) unter anderem „a characteristic use of pronouns, switches between declarative, imperative and interrogative sentence patterns or the presence of contact parentheses, and exclamations“ (ebd., 29).

Beispielsweise stellt House (ebd., 132–33) bei der Analyse eines simplen Monologes heraus, dass die Verwendung der inklusiven Personal- beziehungsweise Possessivpronomen ‚we‘ und ‚our‘ zur Simulation eines „situated interactional context“ (ebd., 133) beitragen. Die Adressaten werden dadurch auf indirekte Weise involviert, ohne tatsächlich Teil einer Konversation zu sein (vgl. ebd., 132). Eine direkte Einbeziehung kann zum Beispiel erfolgen, wenn mit Pronomen der 2. Person Singular auf Adressaten referenziert wird (vgl. ebd., 45). Dementsprechend führt House (ebd., 49) es als Abweichung auf der Dimension Participation auf, wenn ‚as you know‘ als ‚bekanntlich‘ übersetzt oder für ‚your‘ im Deutschen statt eines Possessivpronomens ein bestimmter Artikel verwendet wird.

Neben den von House (ebd., 29) erwähnten Modus-Wechseln und Ausrufesätzen, die Zeichen einer tatsächlichen Konversation (Dialog) oder imaginierten Konversation (komplexer Monolog) sind, bringen Baumgarten, House, und Probst (2004, 89) noch Modalverben und Modalitätsmarker als Indizien für einen Adressateneinbezug innerhalb der Dimension Participation an. Auch House (2015, 112) erwähnt sie als Zeichen von „addressee orientation“ (ebd.) sowie Interaktionalität und gibt als Beispiel Marker epistemischer Modalität, die den Eindruck erwecken, dass eine Aussage offen für Diskussionen bleibt, „leaving room for the addressee’s own judgement“ (ebd.).

Detailliertere Kategorien für die Untersuchung von Adressateneinbindung und Interaktionalität bietet Hyland (2018). Zu den sogenannten „engagement markers“ (ebd., 63) zählt Hyland (2018) neben hier bereits genannten Phänomenen „presupposition markers“ (ebd., 158) wie ‚of course‘ und „necessity modals“ (ebd.) wie ‚should‘. Hyland (2018) konzentriert sich in seinen Untersuchungen auf schriftliche monologische Texte (wissenschaftliche Artikel). Insgesamt wird also deutlich: „Interpersonally, a text is a series of exchanges between speaker and addressee – even if it is a one-sided monologue that is essentially a series of statements acknowledged silently by the addressee“ (Halliday und Matthiessen 2014, 45).

3.3.2. Social Role Relationship

Die Social Role Relationship, das Rollen- oder Machtverhältnis zwischen Adressanten und Adressaten, kann nach House (2015, 29) als symmetrisch oder asymmetrisch eingestuft werden. Bei der Analyse dieser Situationsdimension wird betrachtet, ob sich Macht, Autorität oder Solidarität sprachlich bemerkbar machen, welche dauerhaften Rollen Adressanten und Adressaten innehaben (z. B. Politiker und Bürger) und welche situativen Rollen sie einnehmen (z. B. Redner und Publikum) (vgl. ebd.).

Zu den lexikogrammatischen Indizien, die House (2015) in ihren Beispielanalysen anführt, zählt die Wahl der Pronomen, die der Adressant zur Referenz auf sich selbst, auf Adressaten oder auf andere Instanzen verwendet (vgl. ebd., 45–46). So können Rückschlüsse auf das soziale Verhältnis gezogen werden, je nachdem, ob eine Selbstreferenz mit ‚ich‘, einem exklusiven ‚wir‘ oder einem inklusiven ‚wir‘ erfolgt, ob im Deutschen geduzt, gesiezt oder gar die historische Höflichkeitsform mit ‚Ihr‘ verwendet wird (vgl. Zifonun, Hoffmann, und Strecker 1997, 929) und ob auf Individuen oder verallgemeinerte Gruppen Bezug genommen wird (vgl. House 2015, 45–46; vgl. Baumgarten, House, und Probst 2004, 98).

Weitere Hinweise bietet die Darstellung von Handelnden im Text – ob zum Beispiel persönliche oder unpersönliche Strukturen, Aktiv- oder Passiv-Formen und belebte oder unbelebte Subjekte gewählt werden (vgl. House 2015, 46, 50). Es könnte sich dabei um eine Strategie handeln, die Autorität des Adressanten über den Adressaten subtiler oder auch deutlicher darzustellen. House (ebd., 38, 46, 50) nennt in einer Beispielanalyse die unpersönlichen Strukturen mit ‚it‘ (‚it is expected‘) oder ‚there‘ (‚there remains no‘) und Passivkonstruktionen (‚is required‘) als Möglichkeit, die Kausativ- oder Agens-Rolle implizit zu lassen. Allgemein können so Illokutionen, die unterschiedliche Grade an Autorität ausstrahlen, wie Befehle, Vorschläge oder Bitten, auf direktere oder indirektere Weise formuliert werden (vgl. ebd., 46, 50). Auch Modalverben wie ‚müssen' oder ‚sollen' sind Indizien für Autorität und Macht des Adressanten und können sich in Bezug auf ihre „illocutionary force" (ebd., 50) je nach Verwendung unterscheiden (vgl. Baumgarten, House, und Probst 2004, 98; House 2015, 50).

An dieser Stelle muss ein wichtiger Unterschied zwischen den Dimensionen Participation und Social Role Relationship aufgezeigt werden: Während House (2015, 76–77, 81) für die Dimension Participation stets nur vom Adressaten des Textes oder vom Leser spricht, analysiert sie innerhalb der Dimension Social Role Relationship (neben dem Verhältnis zwischen Autor und Leser und Autor und Charakteren) auch das Verhältnis zwischen den fiktionalen Charakteren des Textes.

3.3.3. Social Attitude

Mit Social Attitude meint House (2015) „the degree of social distance or proximity resulting in relative formality or informality" (ebd, 29). Zur Kategorisierung des Stils beziehungsweise der Formalität nutzt House (ebd.) die Einteilung von Joos (1967), der fünf Kategorien von *Frozen Style* bis *Intimate Style* vorschlägt. Zwischen diesen beiden Polen liegen, mit absteigender Formalität, *Formal Style, Consultative Style* und *Casual Style* (vgl. Joos 1967, 12; House 2015, 29–30). Diese drei sind relevant für den Analyseteil dieser Arbeit.

Den Formal Style machen laut Joos (1967, 34) und House (2015, 30) eine hohe Strukturiertheit und Planung der Sätze und ihrer Übergänge aus. Dieser Stil dient vor allem Informationszwecken und lässt wenig oder keine Teilhabe der Adressaten (typischerweise eine größere Gruppe) zu (vgl. Joos 1967, 34; House 2015, 30). Ein unpersönlicher, komplexer Nominalstil und die Verwendung des *Subjunctive* im Englischen wären syntaktische Indikatoren (vgl. House 2015, 46–47). Im Formal Style findet sich natürlich auch formale Lexik – Joos (1967, 36) gibt das Modalverb ‚may' (wie in seinem Beispiel ‚We may not see each other for some time') als typisches Indiz für diesen Stil an. Zu den von House (2015) und Joos (1967) genannten Phänomenen lässt sich für das Deutsche noch hinzufügen, dass „[k]omplexere Formen der Prädikation" (Sandig 2006, 293) tendenziell einen höheren Formalitätsgrad haben, beispielsweise ‚von außerordentlichem Einfluss sein' gegenüber ‚beeinflussen' (vgl. ebd.).

Beim Consultative Style, dem neutralsten Stil von allen, werden weder formale noch informelle sprachliche Mittel verwendet (vgl. House 2015, 29). Statt des formalen ‚may‘ seien hier ‚can‘ und ‚might‘ zu finden (vgl. Joos 1967, 36). Die Verwendung des optionalen ‚that‘ ist ebenfalls ein Indiz für den Consultative Style (oder noch formalere Stile) (vgl. ebd., 25). Die Grammatik ist größtenteils fehlerfrei[23] und die Semantik präzise (vgl. ebd., 33). Es kommt typischerweise zu einer impliziten oder direkten Einbeziehung des Adressaten, der in der Regel ein Fremder ist, und anders als in näheren, intimeren Beziehungen sind für die Kommunikation einige Hintergrundinformationen nötig (vgl. House 2015, 29). Typische Situationen, in denen dieser Stil verwendet wird, sind geschäftliche Gespräche, Interviews und allgemein Situationen, in denen „public information“ (ebd.) ausgetauscht wird (vgl. Leginski und Izzett 1973, 292; House 2015, 29).

Die geringere Formalität des Casual Style zeigt sich in „[e]llipses, contractions, and the use of lexical items and collocations marked [- formal]“ (House 2015, 29). Indikatoren für den Casual Style im Englischen sind laut Joos (1967, 25) unter anderem die Weglassung der Konjunktion ‚that‘ (er gibt das Beispiel ‚I believe I can find one‘ bzw. ‚Believe I can find one‘) und Kontraktionen wie ‚C‘n I help you?’.

House (2015, 29) hält Übergangskategorien wie „consultative-casual“ (ebd.) für sinnvoll. Zudem merkt Joos (1967, 19) an, dass es nicht unüblich ist, dass innerhalb einer Kommunikationssituation zwischen den Stilebenen gewechselt wird – jedoch nur zwischen zwei angrenzenden Kategorien.

Für die Analyse ist noch eine weitere stilistische Kategorie relevant, die mit Formalität zusammenhängt, aber auch deutliche Berührungspunkte mit der Tenor-Kategorie Stance hat: „‚Feierlichkeit‘ und Pathos“ (Sandig 2006, 295). Wenn „‚hohe‘ Themen in ‚hohem‘ Stil“ (ebd.) präsentiert werden, kann das einen feierlichen oder pathetischen Ton erzeugen, der als „Sonderform emotionalen Einstellungsausdrucks“ (ebd.) klar in die Kategorie Stance fällt. Pathos meint hier „eine

23 Hier zeigt sich, dass Joos (1967) sich in erster Linie auf gesprochene Sprache bezieht. Für die Analyse schriftlicher Sprache ist die Korrektheit der Grammatik (im Sinne von unbeabsichtigten Fehlern durch die Spontaneität der Formulierung) weniger relevant, da schriftliche Texte korrekturgelesen werden können.

Haltung, in der man Sachverhalten Bedeutsamkeit zuweist, auf daß [sic!] man sich mit ihnen identifizieren kann, […] [um] mit anderen eine auf Einverständnis beruhende, wertorientierte Erlebnis- oder gar Handlungsgemeinschaft zu bilden“ (Kern 1994, 410). Es soll also durch die Suggestion von Emotionalität und Bedeutsamkeit eine überzeugende Wirkung erzielt werden (vgl. Sandig 2006, 300). Sandig (2006) bezeichnet Pathos daher als „besondere Interaktionsmodalität“ (ebd., 296). Sprachliche Mittel, die von Pathos zeugen, sind unter anderem bedeutungsschwere Wörter wie ‚Freiheit‘ und besonders formale Varianten eines Wortfeldes wie ‚obliegen‘ (vgl. Kern 1994, 400–405; Sandig 2006, 296).

4. Methodik

Das Untersuchungsobjekt dieser Arbeit sind die Missionstexte des Spiels *C:BE*. Auf Basis des Qualitätsanalysemodells von House (2015) wurden die deutschen Texte mit ihren englischen Ausgangstexten verglichen, um Abweichungen auf den Situationsdimensionen auszumachen. Warum das Spiel sowie die Missionstexte für die Untersuchung ausgewählt wurden, wie das Korpus aufgebaut ist und wie in der Analyse vorgegangen wurde, soll im Folgenden geklärt werden.

4.1. Korpuszusammenstellung

Für die Auswahl von *C:BE* als Untersuchungsobjekt sprachen mehrere Punkte. Ein großer methodischer Vorteil war der einfache Zugriff auf die In-Game-Texte: Diese waren für die verschiedenen Sprachen in klar zuordenbaren XML-Dateien gespeichert, die sich in Excel-Tabellen umwandeln ließen, wodurch keine unverhältnismäßig langwierige Transkription nötig war.[24] Außerdem machte das Spiel qualitativ einen guten ersten Eindruck – es wurde von professionellen Übersetzern eines auf Videospiellokalisierung spezialisierten Unternehmens lokalisiert (*Effective Media*) und die deutsche Version hat gute Kritik erhalten. In einer Spielkritik wird zum Beispiel auf der Pro-Seite die „gute deutsche Lokalisation" (Wendorf 2014, k. A.) genannt. Da das Forschungsinteresse auf der professionellen Videospiellokalisierung lag und nicht auf Fan-Übersetzungen oder Crowdsourcing (siehe dazu O'Hagan und Mangiron 2013, 302–3), war das ein wichtiges Kriterium. Interessant war das Spiel auch, weil die *Civilization*-Reihe recht bekannt ist – sie ist eine der erfolgreichsten Spieleserien überhaupt (vgl. Krapp 2019, 45)[25] – und *C:BE* daher als guter Repräsentant professioneller Lokalisierungsprodukte erschien. Auch das Untergenre Science-Fiction hat Vorzüge. Da dort, wie oben ausgeführt, viel Wert auf einen authentischen, pseudo-wissenschaftlichen

[24] Um alle Missionstexte zu transkribieren, hätte das Spiel mehrfach durchgespielt werden müssen. Der methodische Aufwand bei der Zusammenstellung eines Korpus aus In-Game-Texten ist ein generelles Problem, das auch Mangiron (2018, 125) betont.

[25] Laut Krapp (2019, 45) wurden seit dem ersten Spiel von 1991 über 33 Millionen Exemplare aus der Reihe verkauft. Das 4X-Genre ist, wie Tringham (2015, 385) es formuliert, „a niche-form, but one that remains commercially viable" (ebd.).

Ton zur Immersion des Spielers in eine fiktive Zukunft gelegt wird, stellt das Genre Übersetzer vor interessante Herausforderungen.

Die Missionstexte erschienen als Forschungsgegenstand besonders geeignet, weil sie zu den wichtigsten In-Game-Texten gehören, was das Spielerlebnis betrifft. Diese Texte muss der Spieler lesen, um die Hintergrundgeschichte des Spieles kennenzulernen und die Konsequenzen seiner Entscheidungen zu erfahren. Die Quests sind eine Neuerung in der *Civilization*-Reihe und laut Lead Producer Lena Brenk das wichtigste Storytelling-Element von *C:BE* (vgl. Peckham 2014, k. A.). Da sie nicht vertont sind,[26] muss keine Beeinflussung der Übersetzung durch ein Voiceover beachtet werden – es ist also nur die Arbeit von Übersetzern und gegebenenfalls Editoren, die betrachtet wird. Darüber hinaus ist die Qualität der Texte dadurch besonders wichtig, da die Immersion der Spieler allein vom schriftlichen Text abhängt.

Das untersuchte Korpus umfasst den gesamten Inhalt der mit ‚Quests' betitelten XML-Datei. Diese enthält 117 Quests, mit 20.241 Wörtern im englischen Ausgangstext und 19.895 Wörtern im deutschen Zieltext. Die Anzahl der relevanten Wörter ist etwas geringer, da sich in den Texten Platzhalter befinden wie ‚[NEWLINE]', die nicht zu übersetzen waren. Um möglichst vergleichbare Texte zu untersuchen, flossen in die endgültigen Analyseergebnisse nur die beschreibenden Texte ein. Damit sind die Teile der Missionstexte gemeint, die im Quest-Log (siehe Abb. 2) und in den Pop-ups ‚Quest-Entscheidung' oder ‚Quest abgeschlossen' (siehe Abb. 3 und 4) die Hintergrundgeschichte beziehungsweise die Situation vermitteln.

26 Nur die Schlusssequenzen der fünf Sieges-Quests sind vertont (die Texte erscheinen als Pop-up unter einem Bild und werden vorgelesen). Diese Texte sind jedoch nicht in der untersuchten Datei enthalten.

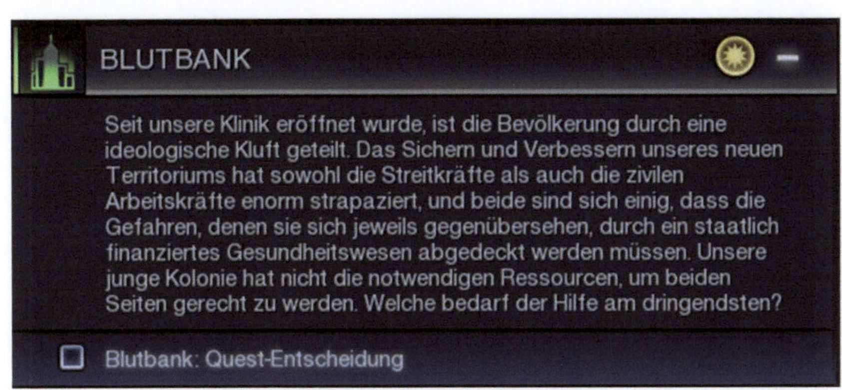

Abb. 2: Eintrag im Quest-Log (Quelle: eigener Screenshot)

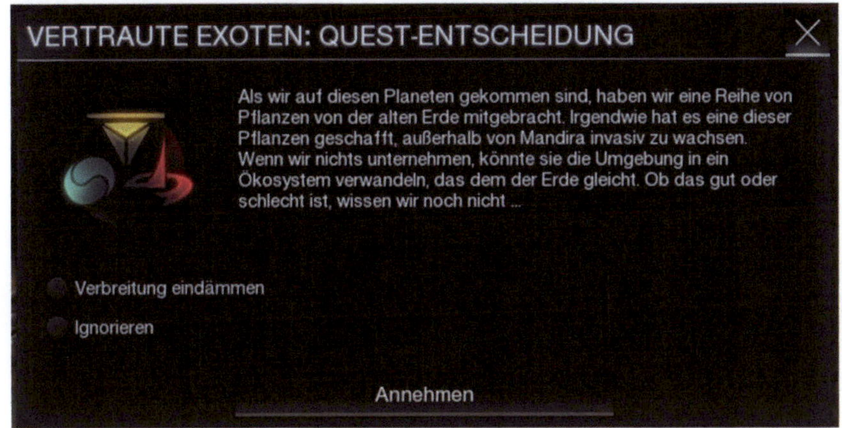

Abb. 3: Pop-up mit Quest-Entscheidung (Quelle: eigener Screenshot)

Abb. 4: Pop-up nach abgeschlossener Quest (Quelle: eigener Screenshot)

So wurden im Quest-Log die knappen Handlungsanweisungen mit Kontrollkästchen und in den Pop-ups die Überschriften (Quest-Namen), Auswahlmöglichkeiten und Angaben zur Belohnung zwar durchgesehen, aber wegen der abweichenden Kommunikationssituation – diese Teile der Missionstexte richten sich halb fiktiv, halb auf einer Meta-Ebene an den Spieler als Charakter und als reale Person (siehe Carr 2006, 41) – stehen sie nicht im Fokus der Analyse.

4.2. Vorgehensweise für die qualitative Analyse

In der vorliegenden Arbeit wurde eine qualitative Korpusanalyse mithilfe des pragmatisch-funktionalen Modells von House (2015) durchgeführt. Ein Vorteil von qualitativen Analysen ist die Detailliertheit, mit der die Daten beschrieben und untersucht werden können (vgl. Saldanha und O'Brien 2014, 61). Wo es sich anbot, weil die Kategorisierung unproblematisch war (z. B. bei Pronomen), wurden zusätzlich quantitative Methoden angewandt (d. h. Vorkommnisse gezählt), um die relative Bedeutsamkeit der Funde besser einschätzen zu können.

Zunächst wurden die deutschen Missionstexte auf Abweichungen in Bezug auf die funktionale Äquivalenz mit den englischen Originaltexten untersucht. Die übergeordnete Frage war dabei stets: Welche Funktion erfüllen die Missionstexte und welche Strategien beziehungsweise sprachlichen Mittel sind im Ausgangstext erkennbar, die auf äquivalente Weise im Zieltext erscheinen sollten, um dasselbe Spielerlebnis zu bieten? Als besonders interessant stellten sich Unterschiede in Adressateneinbeziehung (Anrede), Autorität und Stil heraus und so wurde der Fokus der Analyse auf die Registerdimension Tenor gelegt. Eine komplette Analyse aller Dimensionen nach House (2015) hätte den Rahmen dieser Arbeit überstiegen. Das Modell diente als Werkzeug, um bestimmte Aspekte eines lokalisierten Produktes mit seinem Original zu vergleichen und daraus Tipps oder Anregungen für die Videospiellokalisierung abzuleiten. Der Schwerpunkt lag auf den Situationsdimensionen Participation, Social Role Relationship und Social Attitude, aber die Kategorie Stance wurde ebenfalls berücksichtigt, wenn es Berührungspunkte gab. Insgesamt stand bei der Untersuchung die interpersonale Funktionskomponente der Textfunktion im Vordergrund. Die lexikogrammatischen Mittel, die sich zu Beginn der Analyse als besonders relevant erwiesen, wurden im nächsten Schritt systematischer untersucht.

Für die Untersuchung der Dimensionen Participation und Social Role Relationship wurden die englischen und deutschen Missionstexte auf Unterschiede bei der Nutzung von Pronomen (Personal-, Reflexiv- und Possessivpronomen) und Imperativen untersucht. Bei der Betrachtung der Dimension Participation ergaben sich Komplikationen: Wie oben angesprochen schließt die Adressateneinbeziehung in den Analysen von House (2015) keine rein fiktionalen Charaktere ein. Es scheint also nach ihrem Modell nur dann die Dimension Participation berührt zu werden, wenn sich die Pronomen und Imperative auf den echten Leser (den realen Spieler) oder den implizierten Leser oder Adressaten (den Spieler-Charakter, d. h. den Spieler in der Rolle eines Expeditionsanführers) beziehen. In diesen Fällen konnte ein Wegfall oder Hinzukommen eines Pronomens oder Imperativs im

Deutschen als eine Abweichung auf der Dimension Participation angesehen werden. Wie unten ausgeführt wird, war es jedoch nicht immer eindeutig, ob es sich beim Adressaten gerade um den Spieler-Charakter oder einen anderen fiktiven Charakter handelt. Daher wurden nur eindeutige Fälle berücksichtigt.

Für die Dimension Social Role Relationship wurden bei der Betrachtung des Umgangs mit englischen Pronomen und Imperativen im Deutschen Zeichen einer abweichenden Autorität des Adressanten untersucht. Der Adressat konnte dabei auch ein fiktiver Nicht-Spieler-Charakter sein. Wenn ersichtlich war, um welche Rollenkonstellation es sich handelte, konnte das Verhältnis genauer beschrieben werden. Von Interesse war insbesondere die Weglassung potenziell inklusiver Pronomen der 1. Person Plural und ob Imperative mit anderen lexikogrammatischen Mitteln übersetzt wurden, die ein abweichendes Autoritäts- beziehungsweise Rollenverhältnis suggerieren. Das Korpus wurde auch auf Hinzufügungen von Pronomen der 1. Person Plural und Imperativen untersucht. Aufgrund der Korpusgröße und vor allem der Vielzahl an Pronomen der 1. Person wurde dies jedoch vor allem getan, um die Tragweite der Weglassungen einzuschätzen und herauszufinden, ob es sich um eine systematische Strategie handeln könnte. Hinzufügungen bilden daher keinen Schwerpunkt der präsentierten Analyseergebnisse.

Stilabweichungen, die die Dimension Social Attitude betrafen, konnten weniger systematisch gesucht werden als Pronomen und Imperative und mussten auf Basis der Kategorien von House (2015) und Joos (1967) (und unter Konsultierung weiterer Literatur zur stilistischen Textanalyse wie Sandig (2006)) herausgefiltert werden. So wurden die deutschen Missionstexte auf lexikalische und syntaktische Mittel untersucht, die eine höhere oder niedrigere Formalität aufweisen als die jeweiligen Mittel des Originals.

Allgemein wurde für die Interpretation der lexikogrammatischen Mittel zusätzliche Literatur hinzugezogen, insbesondere Zifonun, Hoffmann, und Strecker (1997) für Besonderheiten und Funktionen der deutschen Grammatik, Biber et al. (2007) für Informationen zur Verwendung englischer Grammatik aus Korpusanalysen von britischem und amerikanischem Englisch und einsprachige Wörterbücher (*Duden*, *Longman Dictionary of Contemporary English* (LDOCE) und *Longman*

Dictionary of American English (LDOAE)) für Hinweise zu Formalität und Gebrauchskontext von Lexemen und Konstruktionen. Da die Missionstexte in amerikanischem Englisch verfasst wurden, wurden Besonderheiten dieser Varietät berücksichtigt.

Stets zu beachten war der Einfluss systemischer Sprachunterschiede zwischen der Ausgangs- und Zielsprache, die Abweichungen notwendig machen könnten. Die kommunikativen Präferenzen des Englischen und Deutschen, zum Beispiel die von House (2015, 88) genannten fünf Tendenzen, vor allem der Fokus auf Inhalt und der höhere Anteil von Selbstreferenzen im Deutschen, und allgemein die geringere Bedeutung der interpersonalen Funktionskomponente (vgl. Baumgarten, House, und Probst 2004, 103), wurden als Einflussfaktoren in Betracht gezogen. Allerdings sind solche Generalisierungen von Präferenzen, wie House (2015, 125) selbst zu bedenken gibt, gerade in der heutigen vernetzten, globalisierten Welt nicht immer pauschal anwendbar und es müssen ständig neue sprachliche Entwicklungen beachtet und die konkreten Fälle individuell eingeschätzt werden. Für jedes Phänomen sprachvergleichende Studien zu finden, erschien jedoch nicht durchführbar (siehe auch Diskussion unten). Was immer berücksichtigt wurde, sind der Einfluss des Kotextes (vorhergehende und nachfolgende Sätze), eventuelle Kompensationsstrategien und weitere Faktoren (z. B. Platzbeschränkung und Arbeitsumstände).

Die Vorgehensweise in der qualitativen Analyse ist daher ein vielschichtiger Prozess:

> „[O]ne should be aware that in translation quality assessment one will always be forced to move from a macro-analytical focus to a micro-analytical one, from considerations of ideology, function, Genre, Register to the communicative value of collocations and individual linguistic items and back again.“ (House 2018, 95)

Der Fokus der Analyse lag darauf, Einzelbeispiele zu präsentieren, die konkrete Abweichungen zwischen Ausgangs- und Zieltext aufzeigen und andeuten, worauf Übersetzer achten können oder sollten. Dabei wurde auch betrachtet, ob sich allgemeine, einheitliche Tendenzen ergeben, die für eine konkrete Strategie des Übersetzers sprechen, soweit das angesichts der Anzahl der Vorkommnisse des untersuchten Mittels beziehungsweise der Korpusgröße möglich war.

5. Analyse

Nun werden die Ergebnisse der qualitativen Korpusanalyse vorgestellt. Zunächst wird auf die allgemeinen Ergebnisse eingegangen – auf die Funktion der Missionstexte im Originalspiel und auf die Kommunikationssituation. Auf dieser Basis können im Anschluss die spezifischen Analyseergebnisse, die Abweichungen auf der Registerdimension Tenor, vorgestellt werden.

5.1. Funktion und Kommunikationssituation des Ausgangstextes

Da für die Einschätzung von Qualität nach House (2015, 63) die Funktionsäquivalenz zwischen Übersetzung und Original an oberster Stelle steht, sollte geklärt werden, welche generelle Funktion die englischen Missionstexte haben. Die Textfunktion, die sich erst im Laufe der Analyse entlang der Situationsdimensionen ergibt und sich aus der ideationalen und der interpersonalen Funktionskomponente zusammensetzt (vgl. ebd., 27, 30), kann folgendermaßen beschrieben werden: Einerseits dienen die Missionstexte dazu, eine Entscheidungsgrundlage[27] zu bieten und die Geschichte zu erzählen – diese Aspekte der Inhaltsvermittlung tragen zur ideationalen Funktionskomponente bei. Im Vordergrund steht jedoch die interpersonale Funktionskomponente: Über das Inhaltliche hinaus sollen die Missionstexte eine immersive Wirkung haben. Die Intention der Autoren[28] der Missionstexte scheint gewesen zu sein, zur Erschaffung einer authentischen Welt beizutragen und die Tragweite der Spielerentscheidungen zu vermitteln. Zur Authentizität der Welt gehört die generelle Glaubwürdigkeit (*Suspension of Disbelief*) der fiktiven Kommunikationssituation durch verschiedenste Mittel auf der Registerdimension Tenor, die eine möglichst realistische Interaktion zwischen (bzw. Rede von) Charakteren/Entscheidungsträgern auf einer Weltraumexpedition widerspiegeln sollen. Hierbei gilt zu beachten, dass es sich um geschriebenes Wort

[27] Ob der Spieler dieses Angebot nutzt, ist allerdings ihm überlassen. Er könnte den Text und somit die Geschichte auch ignorieren und bloß durch Verweilen mit der Maus über den Entscheidungsmöglichkeiten schauen, welche Vorteile (bspw. Punkte für Wissenschaft versus Kultur) sich jeweils ergeben, und allein danach entscheiden.

[28] Es ist wahrscheinlich, dass mehrere Autoren beteiligt waren (vgl. Kim 2019, 80–83).

handelt, das in literarischen Texten ohnehin selten die gleichen Eigenschaften hat wie mündliche Kommunikation, auch wenn Mündlichkeit imitiert werden soll (vgl. Stockwell 2000, 86). In der Regel weisen literarische Texte eine höhere Formalität auf und „speech in literature is tidied up, with a few markers retained to indicate that speech is being presented" (ebd.). In den Missionstexten zeigt sich die Imitation von Interaktion und Rede (auf der Dimension Tenor) unter anderem in Illokutionen wie Fragen, Aufforderungen und Ausrufen, in Pronomen, die den Adressanten einschließen, und in epistemischen Markern wie ‚perhaps' und ‚could', inklusive Presupposition Markers (nach Hyland 2018) wie ‚certainly'. Dabei wird überwiegend ein Stil verwendet, der Respekt gegenüber Kommunikationspartnern und Seriosität gegenüber dem Redeinhalt (frei von Ironie und Humor) ausdrückt. Die Wichtigkeit von Entscheidungen wird teilweise durch einen formalen Stil und ein gewisses Pathos vermittelt. Es gibt aber auch Missionstexte mit geringerer Formalität oder umgangssprachlichen Elementen. Ein weiteres Mittel, das zur interpersonalen Funktionskomponente beiträgt, ist die implizite und direkte Adressateneinbeziehung. Hierbei ist jedoch kein klares Konzept mit einer eindeutigen Intention erkennbar. Dieses Problem geht mit der Kommunikationssituation einher.

Im Folgenden wird auf die Kommunikationssituation beziehungsweise Rollenverteilung eingegangen. Diese stellte sich im Laufe der Analyse als uneindeutig heraus. Die zunächst simpel erscheinende Frage ‚Wer spricht mit wem?', die für die Registerdimension Tenor eine große Bedeutung hat, ist in den Missionstexten von *C:BE* sehr schwierig zu beantworten. Im Großteil der beschreibenden Missionstexte werden die verschiedenen Pronomen der 1. Person Plural verwendet (‚we', ‚us', ‚our', ‚ourselves' bzw. ‚wir', ‚uns', ‚unser(-x(x))').[29] Dabei ist jedoch nicht eindeutig, wen diese Formen von ‚we' umfassen, das heißt, wer genau der Adressat ist. Verschiedene Indizien führen in den Missionstexten zu unterschiedlichen Interpretationsmöglichkeiten und die verschiedenen Teile der Missionstexte müssen gesondert betrachtet werden. Die zu unterscheidenden Teile sind

[29] In einer einzigen Quest kommt die 1. Person Singular (‚ich') vor und es wird in literarischem Stil von der Begegnung mit einem ‚Großen Wurm' [KILL_SEIGE_WORM_PROLOGUE] berichtet. Dabei handelt es sich um eine Anspielung auf das Werk *Dune* (vgl. Grabianowski 2014, k. A.) und daher um eine Ausnahme.

zum einen die einführenden Texte und zum anderen die Texte nach Quest-(Teil-)Abschluss. In den einführenden Texten gibt es Indizien, die für ein inklusives ‚we' sprechen: In manchen Quests kommen dort Pronomen der 2. Person vor. Es erfolgt also eine klare Referenz eines Adressanten auf einen Adressaten. Eine Art Berater scheint sich an den Spieler-Charakter (den Anführer einer Weltraum-Expedition) zu richten.

(2) ***Your*** *citizens are growing fond of this world. Perhaps more knowledge can be gained by living closer to it. [SOLITUDE_PROLOGUE]*

In wenigen Quests kommen sowohl Pronomen der 1. als auch der 2. Person vor, wie in (3) – dort handelt es sich sehr deutlich um ein inklusives ‚we':

(3) *[...] The only certain way to safeguard* ***our*** *new home is to become the undisputed masters of it.* ***You*** *must conquer the capital city of every other faction on the planet. [...] [VICTORY_DOMINATION_PROLOGUE]*[30]

Die klare Referenz des Adressanten auf den Spieler-Charakter durch Personalpronomen der 2. Person erfolgt in den beschreibenden englischen Texten allerdings nur in 9 Quests. Hinzu kommen Imperative (*Suggestive Imperatives* nach Teich (2003, 99) wie ‚Let us think hard upon this question' [BUILDING_MANTLE_BODY], die in jedem Fall eine Interaktion suggerieren. In Missionstexten, in denen keine Anrede in der 2. Person vorkommt, sprechen Alternativfragen wie ‚Who then shall prosper – Our industries or our people?' [BUILDING_PETRO_PLANT_BODY] oder ‚Which design shall we select?' [BUILDING_SKYCRANE_BODY] für diese Rollenverteilung. Es wäre daher grundsätzlich denkbar, dass sich in den Missionstexten ein Berater mit Vorschlägen und Fragen an den Spieler-Charakter richtet.

Es gibt jedoch auch eine andere Interpretationsmöglichkeit. In einigen der einführenden Missionstexte erscheint der Adressant nicht wie ein Berater, sondern wie der Anführer selbst, der einen tagebuchartigen Monolog führt. Dieser Eindruck

[30] Wenn es sich um einen Ausschnitt eines Segmenttextes handelt, wird mit Auslassungspunkten ‚[...]' auf den fehlenden Kotext hingewiesen.

entsteht zum Beispiel durch rhetorische Fragen oder Fragen, die im Anschluss beantwortet werden, wie in (4):[31]

(4) *A spacecraft plummeted through the atmosphere and crashed not far away.* ***Where did it come from? Who built it? What was their intention? We will find out in time,*** *once we have investigated the wreckage more fully.* *[SOLID_STATE_CITIZEN_PROLOGUE]*

Auch emotionale Ausrufesätze und Informationen, die präsentiert werden, als würden sie einem Außenstehenden vermittelt, passen nicht zur Kommunikationssituation ‚Berater an Anführer'. Das ‚We' in (5) kann nicht als inklusiv interpretiert werden und so entsteht eher der Eindruck, dass der Expeditionsanführer seine Erinnerungen festhält:

(5) ***There were survivors aboard the spacecraft!*** *They were human once, but now they are something different.* ***We*** *are calling them "the Augmented".* *[...] [SOLID_STATE_CITIZEN_CHOICE_ASYLUM_TEXT]*

In sehr seltenen Fällen käme sogar eine dritte Interpretationsmöglichkeit in Frage: Teilweise wirkt der Adressant wie ein allwissender Erzähler statt wie ein fiktiver Charakter. Dieser Effekt entsteht, wenn Verben im Präsens erscheinen, die, aus dem Mund eines Beraters, in der Vergangenheit stehen müssten, wie das Verb ‚spot' im Beispiel ‚By chance, your satellite spots what could be a massive alien ruin' [BEAUTY_IN_THE_EYE_OF_THE_ORBITER_CHAPTER_1_PROLOGUE].

Die Unklarheit über die Kommunikationsteilnehmer setzt sich auch in den Teilen der Missionstexte fort, die auf die einführenden Texte folgen. Im Anschluss an die einführenden Texte trifft der Spieler in einigen Quests eine Auswahl zwischen zwei Entscheidungsmöglichkeiten. Sprachlich werden diese stichpunktartig dargestellt, im Infinitiv, und erwecken daher nicht den Eindruck einer direkten Rede des Spieler-Charakters. Bei den Texten, die nach Entscheidungen des Spielers oder bei Quest-Abschluss erscheinen (Epiloge), handelt es sich beim Adressanten

[31] Siehe Thompson und Thetela (1995, 119–20) für Ausführungen zur Frage als Stilmittel in Monologen.

in einigen Fällen ganz klar um den Expeditonsanführer[32] und nicht um einen Berater. Der offensichtlichste Hinweis des Korpus darauf ist ein Imperativ, der als Befehl (ein *Jussive Imperative* nach Teich (2003, 99)) an den Adressaten gerichtet ist:

(6) *Floatstone is a rare and unbelievably valuable resource. If adapting the Skycrane for heavy-lifting can bring us more of it, then by all means,* ***do it****.* *[BUILDING_SKYCRANE_EPILOGUE_B]*

Verbreiteter sind jedoch indirektere Befehle oder Vorschläge durch Imperative mit ‚let us' oder, wie in (7), mit dem Modalverb ‚shall' oder der Futur-Konstruktion mit ‚will', die ebenfalls eher zum Anführer als zu einem Berater passen:

(7) *The Surveillance Web was built to protect our people, so that is how it* ***shall*** *be used. It* ***will*** *be used to detect and identify threats which are aimed directly at our cities. All gathered data which is unrelated to city defense* ***shall*** *be purged. [BUILDING_SURVEILLANCE_WEB_EPILOGUE_B]*

In diesen Fällen wird der Eindruck erweckt, dass der Anführer seine Entscheidung verkündet oder zumindest erläutert – nimmt man an, dass zuvor ein Berater die Lage geschildert hat, könnte man diese Texte als Antwort darauf sehen. Nicht alle Epiloge haben diesen Charakter. Manche wirken wieder wie ein Tagebucheintrag des Anführers – zum Beispiel solche, die in der Vergangenheitsform geschrieben sind.

Doch auch in den Epilogen gibt es Texte, in denen der Adressant nicht der Anführer sein kann und wie ein Berater wirkt. Ein paar wenige Epiloge (in nur drei Quests) verwenden Pronomen der 2. Person genau wie in den einführenden Texten so, dass dadurch eindeutig der Anführer (Spieler-Charakter) angeredet wird, wie im Folgenden, einem der Fälle, wo zudem ein klar inklusives Pronomen der 1. Person Plural verwendet wird:

[32] Es könnte prinzipiell auch eine andere Figur in einer hohen Machtposition (mit Verfügungsgewalt) sein, aber der Expeditionsanführer erscheint am naheliegendsten.

(8) *Safely arrived in {1_CityName},* ***your*** *agent awaits orders from the colony. If the locals here are unhappy with their government, it could pay for* ***us*** *to know. [TROUBLE_ABROAD_OBJECTIVE_SEND_AGENT_EPILOGUE]*

Da die Kommunikationssituation in den Missionstexten von *C:BE* also nicht einheitlich ist, muss die Rollenverteilung in der pragmatisch-funktionalen Analyse mit Vorsicht und unter Beachtung der Indizien des individuell untersuchten Falles miteinbezogen werden. Was insgesamt festgehalten werden kann, ist, dass es sich bei den Texten um komplexe Monologe im Sinne von House (2015, 64) handelt, mit indirekten und direkten Mitteln der Adressateneinbeziehung (darunter inklusive Pronomen, Pronomen der 2. Person, Imperative, Modus-Wechsel).

5.2. Abweichungen zwischen Ausgangs- und Zieltext

Beim Vergleich der englischen und deutschen Missionstexte haben sich auf der Registerdimension Tenor einige mehr oder weniger subtile Abweichungen ergeben, die zu einer unterschiedlichen Wirkung des Adressanten führen. Da die untersuchten Situationsdimensionen einige Berührungspunkte haben, werden die Ergebnisse nicht streng nach Dimension getrennt präsentiert, sondern sind nach lexikogrammatischem Mittel sortiert.

5.2.1. Pronomen der 2. Person Singular

Wenn in den beschreibenden Missionstexten das Personalpronomen ‚you' oder das Possessivpronomen ‚your' verwendet wird, ist damit stets eindeutig der Spieler-Charakter gemeint. Werden diese lexikogrammatischen Merkmale der Einbeziehung im Zieltext weggelassen, führt das daher zu einem Unterschied auf der Situationsdimension Participation der Registerdimension Tenor.

In den meisten Fällen wurden die Pronomen übernommen (6/9 Quests, 11/14 Strings, 11/15 Instanzen). Nur in zwei Quests wurden ‚your' und ‚you' nicht überall umgesetzt. In der ersten handelt es sich um ein einziges ‚you', das im Deutschen offensichtlich aus Gründen der Logik zu ‚er' abgeändert wurde. Das Pronomen bezieht sich auf den im Satz davor erwähnten Kolonisten.

*(9) a. [...] send the Colonist to that location. Once **you** arrive, setup the Outpost.*

*b. [...] schicken Sie den Kolonisten dort hin. Sobald **er** angekommen ist, bauen Sie den Außenposten. [FOUND_OUTPOST_COLONIST_EPILOGUE]*

Da der Adressat des Originals an dieser Stelle nicht angeredet wird, kann von einer Abweichung in Bezug auf die Dimension Participation gesprochen werden. Die Entscheidung, den Expeditionsanführer nicht mit seinem Kolonisten gleichzusetzen, wie es im Englischen getan wurde, ist jedoch nachvollziehbar. Physisch kommt nur der Kolonist an.

In der zweiten Quest erhält man den Eindruck, dass der Übersetzer den Anredestil an die Mehrheit der restlichen Missionstexte anpassen wollte, in denen inklusive Pronomen der 1. Person Plural verwendet werden. Passend zu einem Berater, der sich dem Expeditionsanführer zugehörig fühlt, ist im Deutschen von ‚unser[em] Agent[en]' (siehe (10)) sowie von ‚unser beider Lager' (siehe (11)) die Rede, statt von ‚Ihrem Agenten' und ‚Ihrer beider Lager'.

*(10) a. Safely arrived in {1_CityName}, **your** agent awaits orders from the colony. If the locals here are unhappy with their government, it could pay for **us** to know.*

*b. **Unser** Agent ist sicher in {1_CityName} angekommen und erwartet Befehle aus der Kolonie. Wenn die Einheimischen mit ihrer Regierung unzufrieden sind, könnte es sich lohnen, das zu wissen. [TROUBLE_ABROAD_OBJECTIVE_SEND_AGENT_EPILOGUE]*

*(11) a. The leaders of {1_cityName} are shocked but thankful for **your** shared intel. **Your** act is seen as a sign of respect, and trust grows between **your** people.*

*b. Die Anführer von {1_cityName} sind geschockt, aber dankbar für **die** Information. **Ihre** Handlung wird als Zeichen des Respekts angesehen und zwischen **unser** beider Lager wächst das Vertrauen. [TROUBLE_ABROAD_OBJECTIVE_HELP_VS_HINDER_PROMPT_CHOICE_HINDER_EPILOGUE]*

Auch ‚die Information‘ (‚your shared intel‘), erscheint in (11) nicht wie im Englischen als alleinige Verantwortlichkeit des Expeditionsanführers, da statt des Possessivpronomens (und Partizips) ein bestimmter Artikel gewählt wurde. Die 2. Person findet sich nur noch in ‚Ihre Handlung‘. Interessanterweise wurde in einem anderen Epilog derselben Quest aus ‚our offer‘ ‚Ihr Angebot‘ [TROUBLE_ABROAD_OBJECTIVE_HELP_VS_HINDER_PROMPT_CHOICE_HELP_EPILOGUE]. Vielleicht zeugen diese beiden Entscheidungen für die 2. Person innerhalb der Quest von der Strategie, das Rollenverhältnis zwischen Berater und Expeditionsanführer nicht zu symmetrisch erscheinen zu lassen. ‚Unsere Handlung‘ und ‚unser Angebot‘ würden eine Teilhabe des Beraters suggerieren. Zu dieser Interpretation würde auch passen, dass in (10) das Pronomen ‚us‘ weggefallen ist und der Berater im Deutschen nicht explizit sagt, dass es sich für ihn und den Expeditionsberater gemeinsam (‚uns‘) lohnen würde.

Allgemein lässt sich für die nicht umgesetzten Pronomen der 2. Person Singular festhalten, dass auf der Situationsdimension Participation eine Abweichung vorliegt, wenn das involvierende Pronomen im Deutschen ganz wegfällt (bei ‚Once you arrive‘ und ‚your shared intel‘), jedoch in den anderen Fällen durch die Nutzung eines anderen, aber inklusiven Pronomens (wie ‚unser Agent‘) der Adressat trotzdem direkt angeredet und miteinbezogen wird. In letzteren Fällen zeigt sich zusätzlich eine Abweichung auf der Dimension der Social Role Relationship, da die inklusiven Pronomen ein symmetrischeres Rollenverhältnis andeuten.

In einer einzelnen Quest wurde ein Pronomen der 2. Person Singular im Deutschen eingefügt, obwohl im Original ein ‚we‘ gebraucht wird. Wie in der zuvor besprochenen Quest („Trouble Abroad“) könnte man vermuten, dass das Verhältnis zwischen dem Berater und dem Expeditionsanführer im Deutschen hier (in Bezug auf konkrete Handlungen oder Entscheidungsgewalt) nicht zu symmetrisch wirken sollte – die Entscheidung wird nicht gemeinsam getroffen, sondern allein vom Expeditionsanführer:

(12) a. […] Whichever ***we*** *choose, we should inform the technicians immediately, so they know where to report in the morning.*

*b. [...] Wofür auch immer **Sie** sich entscheiden, wir sollten die Techniker sofort darüber informieren, damit sie wissen, bei wem sie sich morgens melden sollen. [BUILDING_REPAIR_FACILITY_BODY]*

Da dieser Ansatz aber in den Missionstexten nicht strikt verfolgt wird, scheint es keine allgemeingültige Entscheidung oder Anweisung für die Übersetzung gewesen zu sein. In Anbetracht dessen, dass die Pronomen der 2. Person Singular im Englischen und Deutschen in den beschreibenden Missionstexten sonst so selten vorkommen, ist die Entscheidung in (12) womöglich schlicht ein Indiz für die Unklarheit der Kommunikationssituation.

5.2.2. Imperative

Die 2. Person erscheint in den beschreibenden Missionstexten des Originalspiels ansonsten nur in Imperativen. Ein paar dieser Imperative beziehen sich klar auf den Spieler-Charakter, zum Beispiel, weil sie nächste Schritte präsentieren, die der reale Spieler umsetzen soll. Diese Imperative wurden im Deutschen alle übernommen, wodurch eine äquivalente Wirkung auf der Situationsdimension Participation erzielt wird. Alle anderen Imperative richten sich entweder deutlich an den Berater (bzw. eine Person, die Anweisungen ausführt oder weiterleitet) oder haben keinen eindeutigen Bezug. In diesen Fällen kann nicht von der Dimension Participation geredet werden, wenn nach House (2015) für den Adressateneinbezug nur der (implizierte) Leser der Missionstexte als relevanter Adressat gilt. Die Abweichungen, die bei der Übersetzung der Imperative entdeckt wurden, betreffen also nur die Social Role Relationship.

Die häufigste Art von Imperativ ist in den beschreibenden Missionstexten der Suggestive Imperative mit ‚let us'. Er kommt 35-mal vor und fast immer (33-mal) in den Epilogen. Dort erfüllt er meist die Funktion, die Entscheidung, die der Spieler zuvor getroffen hat, auf kooperative und dennoch nachdrückliche Weise zu vermitteln, denn „[t]he 'you-&-me' type, with *let's*, realizes a suggestion, something that is at the same time both command and offer" (Halliday und Matthiessen 2014, 166). Es ist sozusagen eine höfliche Aufforderung, da im Gegensatz zur Aufforderung mit einem Jussive Imperative bei einem Vorschlag sowohl die

Handlungspräferenzen des Sprechers als auch die des Adressaten eine Rolle spielen können (vgl. Zifonun, Hoffmann, und Strecker 1997, 658). Im Deutschen gibt es eine sehr ähnliche Konstruktion mit dem Verb ‚lassen', mit dem Unterschied, dass das Deutsche zwischen den Anredeformen mit ‚du', ‚ihr' und ‚Sie' differenziert. Es müssen also Informationen zur Formalität der Anrede und zur Anzahl der Adressaten in die Verbform einfließen (vgl. Teich 2003, 103). Im Englischen kann nur durch eine Kontraktion ein Unterschied in der Formalität erreicht werden – ‚let us' ist gegenüber dem gängigeren ‚let's' eine markierte Variante, die vor allem in speziellen förmlichen Kontexten gebraucht wird (vgl. Biber et al. 2007, 1138n26). Die Form ‚let's' kam im Korpus kein einziges Mal vor. Somit erhalten die Imperative eine förmlichere Wirkung, die einem Expeditionsanführer angemessen erscheint.

Im deutschen Korpus wurde der Imperativ mit ‚lassen' nur ein einziges Mal verwendet. Dabei wurde nicht, wie sonst in den Anredeformen der Missionstexte, das Pronomen ‚Sie' gewählt (‚lassen Sie uns'), sondern eine besonders gehobene Form der 2. Person Plural (‚lasset uns'). Auf den Formalitätsunterschied wird im Abschnitt der Stilabweichungen genauer eingegangen. An dieser Stelle ist interessant, dass eine Gruppe angesprochen wird – für eine einzelne Person (z. B. einen Berater) wäre die Pluralform unpassend. In allen anderen Übersetzungen wurde dagegen die Anzahl der Adressaten ambig gelassen: In den meisten Fällen (19-mal) wurde ein Adhortativ ohne ‚lassen' gewählt (beispielsweise ‚Setzen wir das Überwachungsnetz ein' für ‚Let us use the Surveillance web' [BUIDLING_SURVEILLANCE_WEB_EPILOGUE]) (vgl. Fries 1992, 182). Dadurch bleibt der inklusive Charakter von ‚us' erhalten und die Illokution des Originals wird mit dem Adhortativ ebenfalls umgesetzt, da dieser „als (nachdrücklicher) Vorschlag oder (empathischer) Appell" (vgl. Zifonun, Hoffmann, und Strecker 1997, 140) verwendet werden kann. In 11 Fällen wurde statt des Imperativs ein Modalverb (‚sollen' oder ‚müssen') und in einem Fall das Hilfsverb ‚werden' (Futur-Tempus) gewählt. Während ‚wir sollten' durch den Konjunktiv noch einen gewissen Vorschlagscharakter hat, ist dieser in ‚wir müssen' und ‚wir werden' nicht mehr vorhanden. Der Einbezug des Kommunikationspartners bleibt im inklusiven ‚wir' aber bestehen. Das Personalpronomen wurde nicht immer beibehalten: Dreimal wurde ein anderes Subjekt mit dem Verb ‚sollen' verwendet. Durch den fehlenden Einbezug des

Adressaten verliert die Aussage den Effekt eines Vorschlags und wirkt wie die alleinige Entscheidung des Adressanten:

*(13) a. [...] **Let us** move forward with the procedure, so that our entire infantry may benefit.*

*b. [...] Diese Prozedur **soll** fortgesetzt werden, damit unsere ganze Infanterie davon profitieren kann. [LEADFOOT_SOLDIER_BUILD_ORGAN_PRINTER_EPILOGUE]*

Auf den Einbezug des Adressaten wurde auch in zwei weiteren Fällen verzichtet, in denen im Deutschen eine ganz andere Strategie gewählt wurde. Aus ‚Let us hold off on' wurde ‚es ist nicht nötig' [BUILDING_NEOPLANETARIUM_EPILOGUE_A] und aus ‚Let us not wait any longer.' wurde ‚Das Warten hat jetzt ein Ende.' [VICTORY_CONTACT_BEACON_EPILOGUE] – beides unpersönliche Formulierungen, die eine geringere interpersonale Wirkung aufweisen. In einem dritten Fall, wo eine andere Strategie gewählt wurde, fand sich ein kompensierendes ‚wir' im Zieltext: ‚Let us hope that is all to have changed' wurde mit ‚Hoffentlich müssen wir nicht mit weiteren Veränderungen rechnen' [AN_ELEMENTAL_FATE_OBJECTIVE_RESCUE_EPILOGUE] übersetzt. Zusammenfassend lässt sich sagen, dass die gewählten lexikogrammatischen Mittel zur Übersetzung dieses Imperativs abgesehen vom Adhortativ und Modalverben im Konjunktiv ein asymmetrischeres, distanzierteres Verhältnis zwischen dem Adressanten und dem Kommunikationspartner (Berater) suggerieren, da weniger Kooperation und Widerspruchsmöglichkeiten impliziert werden.

Die restlichen Abweichungen betreffen Imperative, die den Adressanten nicht miteinschließen (Jussive Imperatives und laut Teich (2003, 103) die unmarkierte Variante). Je nach Kontext und Art der Anweisung unterstreichen diese Imperative in unterschiedlicher Intensität die Autorität des Adressanten. Bis auf die oben angesprochenen Fälle, in denen sie klar an den Spieler-Charakter gerichtet sind, wurde im Deutschen keine dieser Imperativformen übernommen. Es entsteht der Eindruck, dass in den deutschen Missionstexten Imperative, die sich im Original an jemand anderes als den Expeditionsanführer (bzw. den Spieler in dessen Rolle) richten, bewusst vermieden wurden. Die Konsequenz ist eine abweichende Wirkung auf der Dimension Social Role Relationship. Der deutlichste Unterschied zeigt sich in (14), wo nicht nur der Imperativ-Modus nicht übernommen, sondern die komplette Verbalphrase plus verstärkendes Idiom weggelassen wurde:

(14) a. Floatstone is a rare and unbelievably valuable resource. If adapting the Skycrane for heavy-lifting can bring us more of it, ***then by all means, do it.***

b. Schwebstein ist eine unglaubliche und wertvolle Ressource. Wenn wir die Himmelskräne modifizieren, um schwerere Lasten zu heben, können sie uns mehr davon liefern. [BUILDING_SKYCRANE_EPILOGUE_B][33]

Die Omission ist als offensichtliche Vermeidungsstrategie anzusehen. In seiner Direktheit fällt dieser Imperativ etwas aus dem Rahmen – vielleicht wollte der Übersetzer dieses Extrem nicht übernehmen, weil er es für unpassend zum restlichen Stil hielt. Wenn die direkte Anrede von Nicht-Spieler-Charakteren im Deutschen bewusst vermieden wurde, dann gab es hier eindeutig Handlungsbedarf. Unklar ist jedoch, warum nicht (konsistent mit anderen Texten) eine Lösung mit ‚wir' im Indikativ oder Konjunktiv gewählt wurde, wie ‚Das sollten wir definitiv tun'. Platzmangel ist hier kein wahrscheinlicher Grund, da es auch längere Epiloge im Korpus gibt. Der Effekt der drastischen Omission ist, dass der Adressant im Zieltext sehr viel weniger Autorität ausstrahlt als im Ausgangstext. Die Illokution der Aufforderung ist nicht mehr vorhanden und somit fehlt ein Mittel, das die Entscheidungsgewalt des Adressanten sehr deutlich macht. Im Original wirkt das Machtverhältnis daher asymmetrischer.

In einem weiteren Fall wurde das Verb des englischen Imperativs zwar übersetzt, aber es wurde ebenfalls nicht nur der Imperativ-Modus nicht umgesetzt, sondern der Aufforderungs-Modus allgemein nicht übernommen. In der Passivkonstruktion in (15) kann man die Aufforderung nur noch kontextuell erschließen (vgl. Zifonun, Hoffmann, und Strecker 1997, 135):

33 In diesem Beispiel findet sich auch eine inhaltliche Abweichung, die als Overtly Erroneous Error klassifizierbar ist: Im Original ist von einer ‚seltenen und unglaublich wertvollen Ressource' die Rede.

*(15) a. There's no reason the entire city should not benefit from this wonderful discovery. **Spread** the mesh around, so that all production might be hastened.*

b. Es gibt keinen Grund, warum nicht die ganze Stadt von dieser wunderbaren Entdeckung profitieren sollte. Das Gewebe wird verteilt, damit die Gesamtproduktion steigt. [BUILDING_CYTONURSERY_EPILOGUE_B]

Durch die unpersönliche Passivkonstruktion ist hier im Deutschen kein explizites lexikogrammatisches Mittel vorhanden, das auf eine Interaktion hindeutet. Das soziale Verhältnis zum Kommunikationspartner, das im Original durch die Aufforderung als asymmetrisches Autoritätsverhältnis markiert wird, wird im Zieltext nicht deutlich.

Zum Schluss soll auf den Umgang mit den Fällen eingegangen werden, in denen es nicht eindeutig ist, auf wen der Imperativ referiert. Sowohl in den einführenden Missionstexten als auch in den Epilogen wird im Englischen die Imperativform von ‚imagine' verwendet – ein Imperativ, den man nach House (2003) zu den „mental process imperatives" (ebd., 176) zählen und daher als Zeichen für „reader involvement" (ebd.) einstufen kann. Da es sich um einen mentalen Prozess handelt, hat dieser Imperativ nicht die gleiche autoritäre Wirkung. Im Deutschen wurde der Imperativ in allen drei Fällen in einen Heischesatz (vgl. Zifonun, Hoffmann, und Strecker 1997, 665) umgewandelt, wie im Folgenden:

(16) a. [...] Imagine it – Our[34] *entire civilization, thinking as one. [...]*

b. [...] Man stelle sich das vor: Unsere gesamte Gesellschaft, die wie eins denkt. [...] [STEEL_SYNAPSE_PROLOGUE]

Durch das indefinite Pronomen ‚man' ist der Adressat unbestimmt. Es wurde recht deutlich bewusst entschieden, eine direkte Anrede mit ‚Sie' (‚Stellen Sie sich das vor') zu vermeiden. Den Heischesatz zeichnet aus, dass „kein obligatorischer Adressatenbezug vorliegt und kein Handlungs- oder Verhaltenskonzept für einen sol-

[34] Die Großschreibung nach Gedankenstrichen wurde in den Missionstexten konsequent durchgezogen und wird hier daher nicht als Fehler markiert.

chen Adressaten spezifiziert werden muß [sic!]" (Zifonun, Hoffmann, und Strecker 1997, 663–64). Für die Dimension Social Role Relationship bedeutet dies, dass im Original das Verhältnis zwischen Adressanten und Kommunikationspartner näher und symmetrischer erscheint, da das Gegenüber als Individuum angesprochen wird, während sich das Deutsche in diesem Satz an eine anonyme Menge richten könnte.

Eine uneindeutige Referenz haben außerdem in den Epilogen Imperative mit ‚let', die am ehesten zum Expeditionsanführer passen, sich aber sowohl an den Berater als auch an niemand Bestimmtes (in der Funktion eines Heischesatzes) richten könnten, wie zum Beispiel ‚Let the past be past!' [SOLID_TRADE_ROUTE_EPILOGUE]. Nur dieser Imperativ wurde mit einem Adhortativ übersetzt: ‚Lassen wir die Vergangenheit hinter uns!'. In den restlichen Fällen wurde ‚sollen' oder (in einem Fall) ‚Möge…' verwendet. Da sie aber auch im Englischen weniger den Charakter einer Aufforderung an den Adressaten haben, sondern vor allem etwas Förmliches, Machtvolles, Feierliches ausstrahlen, erscheint die funktionale Abweichung der deutschen Übersetzungen auf der Dimension Social Role Relationship vergleichsweise gering.

5.2.3. Pronomen der 1. Person Plural

Nun werden die Pronomen der 1. Person Plural betrachtet. Aus der oben geschilderten nicht völlig klaren Kommunikationssituation ergibt sich das Problem, dass Abweichungen im Zieltext nicht immer eindeutig den Situationsdimensionen zugeordnet werden können. Würde in den Missionstexten stets eine Figur mit dem Spieler in seiner Rolle als Expeditionsführer kommunizieren, könnten alle Abweichungen als Unterschied auf der Dimension Participation gewertet werden. ‚We', ‚us', ‚our' und ‚ourselves' wären als inklusive Pronomen ein Mittel zum indirekten Adressateneinbezug. Da sich in den Missionstexten aber auch der Expeditionsanführer selbst zu Wort meldet und sich dementsprechend an Nicht-Spieler-Charaktere richten muss, liegt in diesen Fällen kein Adressateneinbezug im Sinne von House (2015) vor. Die über 500 Vorkommen von Pronomen der 1. Person Plural danach aufzuschlüsseln, wann ein Adressateneinbezug im Sinne von House

(2015) vorliegt und wann nicht, erschien nicht sinnvoll, angesichts der schwierigen Interpretationsarbeit. Allgemein hätte eine systematische quantitative Analyse hier den Rahmen überstiegen. Was jedoch vergleichsweise problemlos untersucht werden konnte, ist die Dimension Social Role Relationship. Diese kann auch bei unsicherer Konstellation der Kommunikationspartner für jeden Fall einzeln untersucht werden und brachte interessantere Beispiele hervor.

Zunächst soll ein allgemeiner Eindruck der Übersetzung des Pronomens ‚we' gegeben werden. Das Personalpronomen ‚we' wurde im Korpus 33-mal im Zieltext gar nicht umgesetzt, das heißt, es wurde an diesen Stellen auch nicht innerhalb einer Passivkonstruktion in ‚uns' umgewandelt oder beispielsweise mit einem Possessivpronomen kompensiert. Für die Weglassungen gibt es verschiedene Gründe, die Entscheidung kann jedoch Konsequenzen für die interpersonale Funktionskomponente haben.

Ein Grund ist die Wahl unpersönlicher Strukturen, wie ‚wäre es ratsam, […] zu' für ‚we would be wise to' [OCCUPATIONAL_HAZARDS_END_PURITY] und ‚wäre es geradezu fahrlässig, nicht […] zu' für ‚we would be fools not to' [BUILDING_DEFENSE_PERIMETER_BODY]. Hierdurch wird eine Selbstreferenz des Adressanten vermieden und dieser beschreibt im Deutschen nicht explizit sich selbst und alle von ‚we' Eingeschlossenen als weise oder töricht, sondern die Vollbringung oder Unterlassung von Taten. Dadurch wirkt er im Vergleich sachlicher und weniger persönlich und nahbar – das Verhältnis zum hypothetischen Kommunikationspartner wirkt mit dieser Wortwahl weniger symmetrisch. Ein weiterer Grund dafür, das Pronomen im Zieltext nicht umzusetzen, ist die Vermeidung komplexer Satzstrukturen, womöglich auch zur Einsparung von Platz. Das erscheint zumindest als legitime Erklärung für das Phänomen, dass das Personalpronomen mitsamt Prädikat unübersetzt bleibt. So wurde im folgenden Beispiel die komplette Phrase ‚We will find that' nicht übersetzt:

(17) a. […] We can do this by providing them a high-energy diet. ***We will find that*** *with proper nourishment, our citizens are stronger, faster, and generally improved.*

b. […] Das erreichen wir mit nährreichem Essen. Wenn sie wohlgenährt sind, sind unsere Bürger stärker, schneller und einfach besser. [BUILDING_CIVIL_CRECHE_EPILOGUE_B]

‚Wir werden sehen, dass' oder ähnliche Formulierungen würde den jetzigen Satz im Deutschen in ein komplexes Satzgefüge verwandeln und die Informationsstruktur verändern. Die Möglichkeit, die Konstruktion mit Doppelpunkt voranzustellen oder an anderer Stelle zu kompensieren, wurde jedoch nicht wahrgenommen. Eine Option zur Kompensation wäre ein epistemischer Marker gewesen (z. B. ‚zweifellos'), denn eine Funktion von ‚We will find that' ist die Betonung der Sicherheit der auf ‚that' folgenden Aussage (vgl. Biber et al. 2007, 666). Der Wegfall dieser Funktion wäre in erster Linie der Dimension Stance zuzuschreiben. Gleichzeitig geht jedoch mit dem Verlust der epistemischen Einschätzung ein Mittel der Interaktionalität verloren. Ohne das inklusive Pronomen fehlt im Deutschen an dieser Stelle ein Mittel, den Adressaten in die epistemische Einschätzung einzubeziehen, und somit ein Indiz für ein symmetrisches Rollenverhältnis.

Die Fälle, in denen gemeinsam mit dem Personalpronomen auch ein Verb (das Prädikat oder Teile davon) nicht übernommen werden, sind allgemein besonders interessant für die Dimension Social Role Relationship, weil die Weglassung von ‚we' hier mit einer geringeren Agentivität einhergeht: Zum einen befindet sich der Adressant (und alle potenziell Mitgemeinten) nicht mehr in Subjektposition, zum anderen hat er nicht mehr die Rolle des Agens inne – abhängig vom Verb, das gemeinsam mit dem Pronomen wegfällt. Es ist eine deutliche Abweichung auf der Dimension Social Role Relationship zu bemerken, wenn das Verb die Verfügungsmacht oder Rolle des Adressanten unterstreicht.

(18) a. A strong body leads to a strong mind. If ***we keep*** *our people healthy and protected, they will advance on their own.*

b. Ein starker Körper führt zu einem starken Geist. Wenn unsere Bürger gesund sind und sich sicher fühlen, sind sie selbst in der Lage, Fortschritte zu machen. [BUILDING_GENE_SMELTER_EPILOGUE_B]

In der deutschen Version von (18) bleibt implizit, wer für die Gesundheit und den Schutz der Bürger Sorge trägt. Die einflussreiche Rolle des Adressanten und aller, auf die das Personalpronomen im Englischen noch referiert, rückt in den Hintergrund.

Auch im folgenden Beispiel geht gemeinsam mit der Selbstreferenz zugleich die Betonung der Verantwortlichkeit und der Machtposition des Adressanten verloren.

(19) a. For too long ***we have allowed*** *the beliefs of some to limit the scientific progress of all. Let us direct our focus towards the health of our people, so that they may no longer be plagued by the weaknesses of our past, be they physical or mental.*

b. Die Ansichten einiger weniger stehen schon zu lange dem wissenschaftlichen Fortschritt aller im Weg. Konzentrieren wir uns auf die Gesundheit unserer Bürger, damit sie die physischen und psychischen Schwächen der Vergangenheit hinter sich lassen können. [BUILDING_CLONING_PLANT_EPILOGUE_B]

Der Aspekt der Erlaubnis wird durch die Omission von ‚we have allowed' im Deutschen nicht ausgedrückt. Erlaubnis und Verbot gehören zum Illokutionstyp der Aufforderung (vgl. Zifonun, Hoffmann, und Strecker 1997, 656). Aufforderungen setzen je nach Art (mit Unterschieden zwischen bspw. einem Vorschlag, einer Bitte und einem Verbot bzw. einer Erlaubnis) eine Legitimation durch eine bestimmte Macht- oder Rechtsposition voraus (vgl. ebd., 136–38). Der Adressant (hier wahrscheinlich der Expeditionsanführer) und alle von ‚we' Eingeschlossenen haben bisher erlaubt beziehungsweise zugelassen, dass Gegner des Klonens die Einführung dieser Technologie verhindern, waren und sind aber in der Position, diese Erlaubnis zu entziehen. Diese Autorität des Adressanten gegenüber den kritischen Bürgern ist im Deutschen an dieser Stelle nicht versprachlicht und daher kommt es zu einer Abweichung auf der Dimension Social Role Relationship.

Als Nächstes werden die Pronomen ‚us' und ‚ourselves' betrachtet. Das Pronomen ‚us' kam allgemein seltener vor (85-mal) und wurde nur wenige Male nicht umgesetzt. Zum einen ist es in den 35 Imperativen mit ‚let us' enthalten. Wenn, wie viermal der Fall, bei der Übersetzung des Imperativs kein ‚wir' (z. B. in der Adhortativ-Form) oder kompensierendes ‚uns' verwendet wird, dann gehen die Selbstreferenz und die Teilhabe des Kommunikationspartners an dieser Stelle komplett verloren. Zum anderen fiel das Pronomen idiomatischen Alternativformulierungen zum Opfer (so wurde für ‚Science is all around us' die Übersetzung ‚Die Wissenschaft ist allgegenwärtig' gewählt [BUILDING_TERRA_VAULT_EPILOGUE_A]) oder es wurde schlicht ohne deutlichen Grund weggelassen, wie in der Übersetzung von ‚it could pay for us to know' mit ‚könnte es sich lohnen, das zu wissen' [TROUBLE_ABROAD_OBJECTIVE_SEND_AGENT_EPILOGUE] (siehe Bsp. (10) oben) und im Folgenden:

*(20) a. [...] Imagine it – Our entire civilization, thinking as one. The advantages **this would give us** are staggering.*

b. [...] Man stelle sich das vor: Unsere gesamte Gesellschaft, die wie eins denkt. Das hätte sicher beachtliche Vorteile. [STEEL_SYNAPSE_PROLOGUE]

In Kombination mit der weiter oben (Bsp. (16)) vorgestellten indirekteren, anonymeren Übersetzung des Imperativs wirkt die deutsche Version distanzierter. Durch die Hinzufügung des epistemischen Markers ‚sicher' gewinnt der Zieltext zwar Interaktionalität, aber die Miteinbeziehung des Adressaten im inklusiven ‚us' wird nicht kompensiert. Mögliche Gründe dafür, dass der Übersetzer nicht einfach ‚für uns' an ‚Vorteile' angeschlossen hat, könnten Platzeinsparung sein (offensichtlich hielt er den inklusiven Effekt des Pronomens nicht für essenziell) oder vielleicht die Vermeidung eines stilistischen Kontrastes mit dem anonymen ‚Man stelle sich das vor'.

Das Pronomen ‚ourselves' kam 13-mal vor und wurde nur einmal nicht umgesetzt, weil ein kompletter Satzteil nicht übersetzt wurde:

*(21) a. [...] Our only limit is that of our imagination **and of those we impose on ourselves**.*

b. [...] der Fantasie sind keine Grenzen gesetzt. [BUILDING_NANOPASTURE_BODY]

Vielleicht hat sich der Übersetzer aus Platzgründen für eine knappe Redewendung und eine Omission entschieden und dabei die Konsequenzen für sowohl den Inhalt als auch die interpersonale Komponente des gesamten Satzes hingenommen. Abgesehen von der inhaltlichen Abweichung kann die Abweichung auf der Registerdimension Tenor so beschrieben werden, dass mit dem Verlust von ‚ourselves' (und den anderen Pronomen) deutliche Anzeichen eines Gemeinschaftsgefühls und einer Involvierung der vom Pronomen Inkludierten verschwinden.

Generell muss zu den Personalpronomen der 1. Person Plural gesagt werden, dass sie in den deutschen Texten nicht nur weggelassen, sondern auch eingefügt wurden. Es scheint daher keine absichtliche Reduktion zu sein, sondern ein Nebeneffekt anderer Übersetzungsentscheidungen. So wurde beispielsweise die Passivkonstruktion im Satz ‚If we are to grow in strength, then literal growth is required' [BUILDING_DEPOT_EPILOGUE_A] mit ‚Wenn wir stärker werden wollen, müssen wir wachsen' übersetzt.

Als letztes Pronomen der 1. Person Plural wird das Possessivpronomen ‚our' betrachtet. Dieses ist im deutschen Korpus recht häufig nicht umgesetzt worden (über 50-mal). Besonders relevant für die Situationsdimension Social Role Relationship sind dabei die vielen Fälle, in denen ‚our' mit Nomen wie ‚Volk', bestimmten (Berufs-)Gruppen, Gebäuden oder Gebieten kombiniert wird, wie in (22). Durch die Weglassung oder den Ersatz von ‚our' ist zum einen weniger Autorität vonseiten des Adressanten zu spüren, da mit dem Possessivpronomen ein Zeichen von Besitz und Verfügungsmacht verschwindet. Zum anderen kann das Possessivpronomen in seiner inklusiven Verwendung auch andere (den Kommunikationspartner) miteinschließen.

(22) a. Just recently, {1_cityName} was struck by an enormous tremor. In the aftermath, ***our Geologists*** *detected significant geothermal activity located in the canyon near the city. [...]*

b. Kürzlich wurde {1_cityName} von einem massiven Beben erschüttert. Im Anschluss entdeckten ***Geologen*** *erhebliche geothermische Aktivitäten in einer Schlucht unweit der Stadt. [...] [ACCLIMATION_PROLOGUE]*

In diesem Beispiel ist kein erheblicher Grund für die Weglassung von ‚our' ersichtlich – es käme nur Platzeinsparung in Betracht, die gerade in Videospielen immer ein Antrieb für eine Omission sein kann. In jedem Fall erscheint der Adressant im Deutschen dadurch unbeteiligter an der Entdeckung der Geologen und das Verhältnis zu seinem Kommunikationspartner, der von ‚our' eingeschlossen wird, wirkt an dieser Stelle distanzierter und weniger symmetrisch. Es folgt darauf allerdings ein Satz mit ‚wir' und ‚unsere Energieversorgung' (wie im Original), der diesem Effekt wieder entgegenwirkt.

In vielen Fällen, in denen ‚our' weggelassen wurde, sind aber recht klare Gründe für die Entscheidung auszumachen. Dazu gehört die Vermeidung einer Wiederholung, wenn das Possessivpronomen gerade erst im Kotext erschienen ist – im Deutschen sind Wiederholungen stilistisch unbeliebt (vgl. Krieg-Holz und Bülow 2016, 156–57).

*(23) a. Now that it is complete, **our** Neoplanitarium will be the center of all astrological study within **our** civilization. Already, **our** Astrophysicists have flocked to its doors [...].*

*b. Jetzt, da es fertig ist, wird **das** Neoplanetarium der Mittelpunkt aller astrologischen Forschungen **unserer** Zivilisation sein. **Die** Astrophysiker tummeln sich schon vor seinen Toren [...]. [BUILDING_NEOPLANETARIUM_BODY]*

Dreimal ‚unser(-xx)' auf so engem Raum hätte im Deutschen eine gewisse stilistische Auffälligkeit (vgl. Sowinski 1991, 58). Da ‚Zivilisation' einer Spezifizierung bedarf, konnte das Possessivpronomen dort nicht weggelassen werden. Somit wird aber auch in (23) das Verfügungsrecht des Adressanten (und implizit des Kommunikationspartners) über das ‚Neoplanetarium' und die ‚Astrophysiker' nicht angezeigt. Ein weiterer sprachlicher Grund für die Weglassung ist eine Wortwahl, in der das Possessivpronomen nicht untergebracht werden kann, wie ‚die Nahrungsnachfrage' für ‚the demand on our food supply' [ACCLIMATION_CHOICE_DIGESTION_EPILOGUE]. Von einer systematischen Vermeidung des Possessivpronomens der 1. Person Plural in den deutschen Missionstexten kann nicht die Rede sein. In einer Handvoll Fälle wurde im Deutschen ein Possessivpronomen eingefügt, das im Englischen nicht vorhanden war. Beispielsweise wurde in einer Quest ‚This could be the first step‘ [VICTORY_CONTACT_SIGNAL_EPILOGUE] mit ‚Das könnte unser erster Schritt sein‘ übertragen.

5.2.4. Stilabweichungen

Der Stil in den Missionstexten kann als Consultative mit häufigen Übergängen zum Formal und seltenen Merkmalen des Casual Style beschrieben werden. Es gibt Texte, die von formalen syntaktischen und lexikalischen Mitteln (z. B. ‚shall‘ und ‚may‘) und einem gewissen Pathos geprägt sind. Andererseits finden sich auch informelle lexikalische Mittel im Korpus (z. B. ‚fired‘, ‚intel‘).[35] Der Stil beziehungsweise die Social Attitude ist in den Missionstexten also auch nicht gleichbleibend.

Bei der Analyse lag das Interesse auf stilistischen Abweichungen der Formalität, die im Deutschen ein anderes Verhältnis zwischen Adressanten und Adressaten andeuten. Bei den Funden handelt sich um punktuelle Beispiele. Es konnten keine Gesamttendenzen festgestellt werden. Die Abweichungen gehen in beide Richtungen – es wurden sowohl lexikogrammatische Mittel höherer als auch niedrigerer Formalität gewählt.

5.2.4.1. Niedrigere Formalität

Die folgenden Beispiele zeigen Instanzen eines Formal Style, die im Deutschen nicht übernommen und nicht eindeutig an anderer Stelle im Textabschnitt kompensiert wurden.

(24) a. […] Once this has been accomplished, ***we will be to*** *move forward with our plans.*

b. […] Sobald das erreicht ist, können wir unsere Pläne weiter vorantreiben. [VICTORY_EMANCIPATION_PROLOGUE]

In diesem einführenden Text einer Sieges-Quest wurde mit ‚be to do something‘ eine sehr formale syntaktische Konstruktion gewählt (vgl. LDOCE o. J.,

[35] Kontraktionen gibt es in uneinheitlicher Verteilung ebenfalls, jedoch nur solche wie ‚don't‘ oder ‚we've‘, die angesichts des Beispieltextes von Joos (1967, 21–22) nicht gegen den Consultative Style sprechen.

s. v. „be to do something“). Dass diese mit dem Hilfsverb ‚will‘ kombiniert wurde (obwohl in der Bedeutung der Konstruktion selbst schon ein Zukunftsbezug enthalten ist (vgl. ebd.)), spricht für eine bewusste stilistische Entscheidung. Es entsteht eine sehr lange Verbalphrase, die dem Adressanten und seiner Fähigkeit, die Pläne voranzutreiben, ein größeres Gewicht verleiht, als es ‚will‘ allein oder das Modalverb ‚can‘ getan hätten. Im Deutschen spiegeln sich dieser Effekt und die Formalität im neutralen Modalverb ‚können‘ nicht wider. Infolgedessen sind weniger Pathos und soziale Distanz spürbar. Eine formalere Alternative zu ‚können‘, ‚vermögen‘ vielleicht, hätte die interpersonale Wirkung aufrechterhalten können. Der formale Stil hätte auch an einer anderen Stelle kompensiert werden können. Zum Beispiel wäre im selben Satz statt ‚das‘ die Variante ‚dies‘ möglich gewesen. Im vorherigen Kotext fand sich kein klares Zeichen für einen Kompensationsversuch. Es wurde zwar fünf Sätze zuvor ein formales ‚einst‘ eingeschoben, doch davor wurde ‚our people‘ mit ‚unsere Leute‘ übersetzt (was in dieser Verwendung laut Duden (o. J., s. v. „Leute“) umgangssprachlich ist).

Die Verbwahl sorgt auch im folgenden Ausschnitt für eine Abweichung auf der Dimension der Social Attitude:

(25) a. [...] We ***request*** *an agent* ***be*** *stationed there such that we might gather intelligence. Your cooperation is appreciated.*

b. [...] Wir ***wollen****, dass ein Agent dort stationiert wird, um die Information zu sammeln. Ihre Kooperation wird sehr geschätzt.*

[FOR_YOUR_EYES_ONLY_PROLOGUE]

In (25) richtet sich der Adressant an den Spieler-Charakter und bittet darum, einen Agenten in einer bestimmten Stadt zu stationieren. Im Englischen wurde diese Bitte sehr höflich formuliert: Das formale Verb ‚request‘ (vgl. LDOAE 1983, s. v. „request“) wurde mit einem ebenfalls als formal geltenden Subjunctive (vgl. House 2015, 47) zu einer indirekten Bitte ohne Rezipienten kombiniert. Im Deutschen hat das keineswegs formale Modalverb ‚wollen‘ nicht den Effekt einer höflichen Bitte, sondern einer Forderung oder zumindest einer Willensäußerung, die eine geringere soziale Distanz zum Adressaten andeutet. Da es einen Subjunctive wie in (25) im Deutschen nicht gibt, ist dessen Verlust an sich keine Abweichung.

Es geht nur die Formalität verloren, die in anderer Form kompensiert werden könnte.

5.2.4.2. Höhere Formalität

Manche in den Zieltexten gefundenen lexikogrammatischen Mittel zeigen eine höhere Formalität, als der Ausgangstext erwarten ließe. Ein Fall wurde oben bereits erwähnt: An der einzigen Stelle, an der der Imperativ ‚let us' in den deutschen Missionstexten mit dem Verb ‚lassen' übersetzt wurde, fiel die Wahl auf die 2. Person Plural ‚lasset uns'.

(26) a. [...] Our own genes are strong to carry us on this new world, and so ***let*** *us give the Augmented back that which was forced from them in the stark calculus of survival.*

b. [...] Unsere eigenen Gene sind stark genug, uns durch diese neue Welt zu tragen, und so ***lasset*** *uns den Augmentierten das zurückgeben, was ihnen im eiskalten Kampf ums Überleben genommen wurde. [SOLID_STATE_CITIZEN_GENE_EPILOGUE]*

Mit dem fakultativen ‚e' ist der Imperativ ‚lasset' eine veraltete Form (vgl. Zifonun, Hoffmann, und Strecker 1997, 1725), die man beispielsweise aus religiösen Kontexten kennt, und wirkt ausgesprochen förmlich. Vielleicht sollten damit das formaler erscheinende ‚that which' und das Wissenschaftlich-Intellektuelle in ‚stark calculus of' kompensiert werden. Schon im Original ist Pathos vorhanden, doch mit dieser Verbform erhält die vorschlagsartige Aufforderung, die Augmentierten mit gezüchteten Organen wieder zu vermenschlichen, im Deutschen noch einmal mehr Gewicht.

Stilistische Unterschiede fanden sich auch im Übergangsbereich zwischen Lexik und Syntax. So gibt es Fälle, in denen die Wortwahl im Zieltext formaler wirkt, weil es sich um „[k]omplexere Formen der Prädikation" (Sandig 2006, 293) handelt (vgl. ebd.). Zum Beispiel wurde ‚fight' mit dem Funktionsverbgefüge ‚an Kampfhandlungen beteiligt sind' [BUILDING_ORGAN_PRINTER_EPILOGUE_B] übersetzt. Außerdem sticht ein Missionstext durch einen ausgeprägten Nominalstil hervor, der allgemein als Merkmal eines formalen, inhaltsbetonten, abstrakten

Stils gilt (vgl. House 2015, 49; Krieg-Holz und Bülow 2016, 109) und an dieser Stelle deutlich vom Verbalstil des Ausgangstextes abwich:

(27) a. [...] so we will not tell them. ***What they don't know cannot hurt them,*** *but it* ***can keep them safe****. [...]*

b. [...] also werden wir es ihnen nicht sagen. Die ***Unwissenheit soll*** *ihr* ***Segen*** *und ihre* ***Sicherheit*** *sein. [...] [BUILDING_NODE_BANK_BODY]*

Da für die Übersetzung der englischen Redewendung das deutsche Äquivalent ‚Was X nicht weiß, macht X nicht heiß' hier nicht gut funktionieren würde, war es notwendig, eine andere Lösung zu finden. Bei der gewählten Lösung erscheint der Adressant nicht nur wegen des Nominalstils formaler und distanzierter, sondern auch durch das mit Pathos erfüllte Wort ‚Segen' und das mehrdeutige Modalverb ‚sollen' (vgl. Zifonun, Hoffmann, und Strecker 1997, 1891). ‚Sollen' kann hier in seinem teleologischen Gebrauch verstanden werden („auf die Erreichung von Zielen, Zwecken bezogen" (ebd., 1886)). Da es aber darüber hinaus das „Wünschenswerte, Angeratene" (ebd., 1887) ausdrücken kann, lässt sich hier auch ein – scheinheiligerweise[36] – feierlich anmutender Ton erkennen. In dieser Lesart hätte ‚soll' einen ähnlichen Effekt wie ‚möge'.

Neben der Syntax betreffen die stilistischen Abweichungen höherer Formalität im Deutschen auch ab und zu die bloße Lexik. Zum einen wurden Lexeme gewählt, die im Vergleich zum Ausgangstext auffällig formal sind, wie ‚Narretei' („gehoben" laut Duden (o. J., s. v. „Narretei")) für ‚foolishness' [BUILDING_NEURO-LAB_BODY]. Zum anderen wurde an manchen Stellen die informelle Lexik des Ausgangstextes im Deutschen neutralisiert. So ist es im folgenden Beispiel, in dem die umgangssprachliche Wendung ‚smuggle someone into something' (vgl. LDOCE o. J., s. v. „smuggle") mit ‚verstecken' übersetzt wurde:

(28) a. [...] It seems a group of stowaways ***smuggled themselves into*** *the cargo.*

b. [...] Eine Gruppe von Flüchtlingen hat sich ***in*** *der Fracht* ***versteckt****. [...] [DOGMATIC_ENGINEERING_PROLOGUE]*

[36] Es geht darum, dass den Bürgern nicht gesagt wird, dass sie von KI überwacht werden.

Diese Entscheidung betrifft auch die Tenor-Kategorie Stance – welche Haltung der Adressant gegenüber den Flüchtlingen (die im Original präziser ‚blinde Passagiere' genannt werden) hat. Doch die Wortwahl zeigt gleichzeitig das Verhältnis zum Kommunikationspartner. Dieses wirkt im Englischen näher, weil der Text mündlicher klingt, auch durch das im Deutschen weggefallene ‚It seems' ohne ‚that' (vgl. LDOCE o. J., s. v. „seem"; Biber et al. 2007, 680).

5.2.5. Erwähnenswerte Fehler

Zum Schluss soll noch kurz auf Overtly Erroneous Errors und anderweitige Probleme eingegangen werden. Neben dem ein oder anderen Rechtschreib- und Grammatikfehler und wenigen Zeichensetzungsfehlern (sowohl in der englischen als auch in der deutschen Version) fanden sich im Deutschen inhaltliche Abweichungen (siehe z. B. (14)). Bei den Rechtschreibfehlern handelt es sich im Deutschen bis auf wenige Ausnahmen um Fehler, die eine automatische Rechtschreibkorrektur durchaus übersehen kann, wie ‚Teilte' statt ‚Teile' und ‚Sie' statt ‚sie'.

Interessant im Zusammenhang mit der Videospiellokalisierung sind zwei problematische Übersetzungen, die auf mangelnden Kontext beziehungsweise fehlende Hintergrundinformationen zurückzuführen sind. In zwei Fällen wurde in uneinheitlicher Weise innerhalb eines Questnamens gesiezt. Die Questnamen waren zwar nicht mehr Bestandteil des letztlich analysierten Teil-Korpus, unterstreichen aber die Kontextualisierungsprobleme, die auch in den beschreibenden Missionstexten zu finden sind. Die englische Quest ‚Found an Outpost' trägt im Deutschen den Namen ‚Gründen Sie einen Außenposten' [FOUND_OUTPOST_DESCRIPTION]. Passender wäre zum Beispiel ‚Gründung eines Außenpostens' gewesen. Das Segment wurde ganz offensichtlich nicht für einen Questnamen, sondern für eine Anweisung gehalten. Gravierender ist der zweite Fall. Der deutsche Questname für ‚Choose a Station to Charter' ist mit ‚Wählen Sie eine Station, die gegründet werden soll' [STATION_SPAWN_CHOICE_SUMMARY] viel zu lang ausgefallen, sodass sie als Überschrift nicht vollständig angezeigt werden kann.

Auch im Englischen sind die Questnamen untypisch (ansonsten dominieren substantivische Titel), doch sie könnten als Infinitive gelesen werden. Gerade im zweiten Fall ist es unwahrscheinlich, dass dieser Questname bewusst als solcher gewählt wurde, und wäre sicherlich abgeändert worden, wenn der Übersetzer gewusst hätte, an welcher Stelle er auf welche Weise erscheinen wird.

6. Diskussion

Nun soll dargestellt werden, was die Analyse gezeigt hat und welche Schwierigkeiten sich aufgetan haben, sowohl bei der Verwendung des Modells von House (2015) allgemein als auch bei der konkreten Anwendung auf die Missionstexte von *C:BE* als Untersuchungsobjekt. Zum Schluss sollen Tipps oder Hinweise für die Videospiellokalisierung präsentiert werden, die sich aus der Untersuchung ergeben haben.

6.1. Ergebnisse der Analyse

Es konnten mithilfe des Modells von House (2015) auf der Registerdimension Tenor einige Abweichungen gefunden werden. Die Abweichungen fanden sich vor allem auf der Mikro-Ebene (vgl. House 2018, 95). Es sind subtile Abweichungen auf der Registerdimension, die in vielen Fällen höchstwahrscheinlich aus sprachlichen Beweggründen in Kauf genommen wurden. Das heißt, es sind nicht grundsätzliche systemische Unterschiede (denn es wäre prinzipiell möglich gewesen, sehr ähnliche lexikogrammatische Mittel zu verwenden), sondern unter anderem Präferenzen in Satzkomplexität, Wiederholungsvermeidung oder die Bevorzugung idiomatischerer Alternativen, die zu einigen Entscheidungen zulasten der interpersonalen Funktionskomponente führten. Es fanden sich jedoch auch Fälle, in denen für eine Abweichung kein ersichtlicher Grund auszumachen war. Im Fall von Omissionen konnte grundsätzlich der Einfluss von Platzbeschränkungen eine Rolle gespielt haben.

Bei einigen lexikogrammatischen Mitteln entstand nicht der Eindruck, dass eine einheitliche, übergeordnete Strategie verfolgt worden wäre. Besonders auffällig war dies bei den Pronomen der 1. Person und der Wahl von lexikogrammatischen Mitteln abweichender Formalität. Die ausgemachten Abweichungen haben zur Konsequenz, dass die soziale Distanz und das Verhältnis des (bzw. der) Adressanten zu Kommunikationspartnern in den deutschen Missionstexten nicht immer so wirken wie im Original.

Es konnten jedoch auch gewisse Muster erkannt werden. Eine Tendenz, die eine Strategie vermuten ließ, die über individuelle sprachliche Präferenzen hinausgeht, ist die Vermeidung der direkten Anrede (durch Pronomen der 2. Person und Imperative) in Fällen, in denen nicht eindeutig der Expeditionsanführer (und somit zugleich der Spieler) adressiert wird. Eine weitere wohl bewusste Entscheidung, auch wenn sie nur eine einzige Quest betraf, hatte ebenfalls mit den Pronomen der 2. Person zu tun (siehe Bsp. (10) und (11)): Manchen Pronomen, die sich in der Quest allein an den Expeditionsanführer richteten, wurden im Deutschen mit einem Pronomen der 1. Person oder einem bestimmten Artikel ausgetauscht. Wie oben erwähnt, kann vermutet werden, dass hier eine Anpassung an die Mehrheit der anderen Quests beabsichtigt war. In derselben Quest wurden jedoch auch Pronomen der 1. Person mit solchen der 2. Person ersetzt, um womöglich ein gewisses Autoritätsgefälle zwischen der Berater-Figur und dem Expeditionsanführer aufrechtzuerhalten. Dadurch, dass es sich hierbei aber um einen Einzelfall handelt, kann nicht von einer größeren Tendenz gesprochen werden.

Insgesamt zeigt sich, dass die unklare Kommunikationssituation des Originals in den deutschen Missionstexten von *C:BE* Spuren hinterlassen hat. Die Probleme der Ausgangstexte und die vermutlich in Teilen fehlende Kontextualisierung wurden offenbar nicht mit einer systematischen Strategie angegangen. In der Konsequenz mussten die Übersetzer diese Probleme individuell und für jede Quest aufs Neue lösen. Dadurch entstanden inkohärente Abweichungen vom Original und nicht immer scheint dabei die Wirkung der Ausgangstexte adäquat übertragen worden zu sein.

6.2. Schwierigkeiten bei der Durchführung der Analyse

Zu den Schwierigkeiten, die sich allgemein bei der Anwendung des Modells von House (2015) ergeben haben, gehörte die Vielzahl an Einflüssen, die zu beachten waren. Neben dem unmittelbaren Kotext, der bestimmte lexikogrammatische Mittel ausschließen könnte, und neben möglichen Mitteln der Kompensation, die den Verlust eines funktionalen Effektes ausgleichen könnten, müssten nach House (2015) aktuelle einzelsprachliche Präferenzen beachtet werden. Wie sie jedoch selbst einräumt, „[t]his throws an extra burden on practising translators and translation quality assessors“ (ebd., 125). Die kommunikativen Präferenzen konnten im Rahmen der Arbeit nicht immer ausführlich berücksichtigt werden, könnten jedoch wesentlich zur Argumentation beitragen. Beispielsweise hätten noch Studien zur relativen Verbreitung bestimmter lexikogrammatischer Mittel in englischen und deutschen Texten (z. B die Aufforderungsform ‚lass uns gehen‘ versus ‚gehen wir‘ im Deutschen) hinzugezogen werden können, sofern sie existieren. Es kann also sein, dass weitere Tendenzen des Deutschen eine Rolle spielen, die nicht erwähnt wurden.

Eine Kategorie des Qualitätsanalysemodells, die methodisch besonders anspruchsvoll war, ist die Dimension Social Attitude. House (2015) und Joos (1967), auf den sie verweist, geben zwar Beispiele in eigenen kleinen Analysen, doch eine konkretere Anleitung, wie Stil oder Formalität untersucht werden können, ist dort nicht zu finden. Das liegt wohl auch daran, dass Verallgemeinerungen bei stilistischen Effekten schwierig sind, da diese stark vom Ko- und Kontext abhängen. Zudem muss – gerade bei Rückschlüssen auf das soziale Verhältnis zwischen Kommunikationspartnern – noch bedacht werden, dass „writers and speakers are deliberately manipulating linguistic form for aesthetic effects, regardless of the actual situational context“ (Biber und Conrad 2009, 50–51). Eine weitere methodische Herausforderung ist es, das Sprachgefühl, das bei der Untersuchung von Formalität und sozialer Distanz im Rahmen einer qualitativen Analyse angewandt wird, wissenschaftlich zu belegen. Nicht zu jedem Lexem, Idiom oder Phänomen finden sich Informationen zur Formalität. Bei den vorgestellten Analyseergebnissen wurde darauf geachtet, dass die Beobachtungen oder Eindrücke mit Wörterbüchern oder anderer Literatur belegt werden konnten, aber es ist immer auch Interpretationsarbeit.[37]

Schwierigkeiten haben sich auch aus dem Untersuchungsobjekt selbst ergeben. Die untersuchten Missionstexte sind fiktive Texte. Fiktion ist laut Biber und Conrad (2009, 138) aufgrund der Vielfalt möglicher Perspektiven „one of the most complex varieties to analyze from a register perspective“ (ebd.) und auch Halliday

37 Für eine andere Herangehensweise, die Dimension Social Attitude (neben anderen Situationsdimensionen) in einer quantitativen Analyse zu erfassen, siehe Neumann (2014).

(1979, 145) betont, dass „[t]he ‚situation‘ of a written text tends to be complex; and that of a fictional narrative is about as complex as it is possible for it to be“ (ebd.). Im Fall der Missionstexte hat sich diese Ansicht bestätigt, denn die Fiktion hat zu einem unklaren situativen Kontext geführt.

Da der situative Kontext für die Registerdimension Tenor eine große Rolle spielt, hat dieser Umstand die Analyse komplizierter gestaltet. Die Unklarheit, ob gerade ein Expeditionsanführer, eine Art von Berater oder doch jemand ganz anderes spricht und ob sich die komplexen Monologe an eine andere Figur, den Spieler-Charakter oder an keinen konkreten Adressaten (wie bei einem Tagebuch) richten, hatte Konsequenzen für die Interpretation aller Situationsdimensionen der Registerdimension Tenor.

Besonders hat es die Kategorie Participation betroffen, da nicht sicher war, ob der Spieler-Charakter oder ein anderer Charakter involviert wird und ob die Selbstreferenzen (mit ‚we‘ und anderen Pronomen der 1. Person Singular) in eher tagebuchartigen Missionstexten als inklusiv verstanden werden sollen. Bei den Dimensionen Social Role Relationship und Social Attitude konnte zumindest stets die Wirkung des Adressanten untersucht werden und bei weiteren Hinweisen auch die Rollenverteilung miteinbezogen werden (wenn z. B. davon ausgegangen werden konnte, dass sich gerade der Expeditionsanführer äußert).

Ein weiterer Aspekt, der die Anwendbarkeit des Qualitätsanalysemodells von House (2015) beeinflusst hat, ist die Tatsache, dass der Genre-Einfluss im untersuchten Fall nur in einer begrenzten Tiefe miteinbezogen werden konnte. Forschung zu sprachlichen oder pragmatisch-funktionalen Präferenzen innerhalb des Genres rundenbasierter (Sci-Fi-)Strategiespiele, wie House (2004) sie beispielsweise für Kinderbücher erarbeitet hat, scheint noch nicht vorhanden zu sein.

Die pragmatisch-funktionale Analyse mit dem Modell von House (2015) hat sich also, vor allem aufgrund des unklaren situativen Kontextes, als schwierig erwiesen. Gleichzeitig können anhand dieser Schwierigkeiten einerseits Grenzen des Analysewerkzeugs und andererseits Herausforderungen für Übersetzer aufgezeigt werden – sowohl für die Übersetzer von *C:BE*, die wahrscheinlich vor ähnlichen Problemen standen, als auch für Übersetzer künftiger Videospiele.

6.3. Schlussfolgerungen für die Videospiellokalisierung

Im Folgenden sollen mögliche Schlussfolgerungen oder Tipps für Spiele-Übersetzer zusammengetragen werden. Die Analyse der Missionstexte von *C:BE* hat gezeigt, dass Entscheidungen auf der Mikro-Ebene bereits deutliche Effekte haben können. Welchen Einfluss die Wahl der Anredeformen, Pronomen, des Modus, der Modalität und allgemein lexikogrammatischer Mittel unterschiedlicher Formalität auf die interpersonale Komponente der Textfunktion hat, ist etwas, was bei der Lokalisierung von Videospielen berücksichtigt werden sollte. In den Missionstexten sind dabei keine groben Fehlgriffe aufgefallen, doch potenziell, wie auch Bernal-Merino (2015, 200) betont, „[t]he smallest nuances in language can suddenly turn an evocative passage or dialogue into something bland, forgettable or even laughable" (ebd.). Es reiche schon, wenn man zum Beispiel Gollum aus Tolkiens *The Lord of the Rings* ‚must not' sagen ließe, statt eine Kontraktion zu benutzen (vgl. ebd.). Im Korpus könnte ‚lasset uns' [SOLID_STATE_CITIZEN_GENE_EPILOGUE] (siehe (26)) als Beispiel genannt werden, das in seiner Formalität aus dem Rahmen fällt.

Den Übersetzern muss die Textfunktion bekannt sein und sie müssen die sprachlichen Mittel erkennen, die im Ausgangstext dazu beitragen (vgl. Chandler und Deming 2012, 109) – unter Einbeziehung zusätzlicher Informationen wie dem allgemeinen Genre, dem Untergenre, der Zielgruppe und ob ein konkreter Text Teil der fiktiven Spielwelt ist oder nicht (vgl. O'Hagan und Mangiron 2013, 154–55). Im Idealfall finden sich ausreichend kontextuelle Hinweise im Übersetzungsauftrag oder *Localization Kit* (vgl. ebd., 154), welches Übersetzungsdateien mit Kommentaren und informationsreichen String-IDs sowie einen ausführlichen Style Guide für die Ausgangssprache enthält (vgl. Honeywood und Fung 2012, 8, 17).

Welche Informationen die Übersetzer von *C:BE* abgesehen von den String-IDs (die nicht völlig selbsterklärend waren) zu den Missionstexten erhalten haben, konnte nicht herausgefunden werden. Es entstand jedoch der Eindruck (aufgrund der Vermeidung der direkten Anrede, wenn diese nicht den Expeditionsanführer betraf, und der einmaligen Verwendung von ‚Sie' statt ‚wir' (siehe (12)), dass die

Kommunikationssituation auch den Übersetzern nicht immer klar war oder sie diese nicht immer übernehmen wollten (oder womöglich sollten).

Was sich im Rahmen der Korpusanalyse deutlich bestätigt hat, ist der Fakt, dass die Qualität des Ausgangstextes eine enorme Rolle für das Übersetzungsergebnis spielt (vgl. Chandler und Deming 2012, 109). Ein klares Konzept, wer sich wann (in welchen Teilen der Missionstexte) an wen richtet, hätte nicht nur die pragmatisch-funktionale Analyse dieser Arbeit, sondern sicherlich auch die Übersetzung der Missionstexte erleichtert.

Es ergibt sich die Frage, wie mit einem qualitativ oder konzeptuell nicht einwandfreien Ausgangstext umgegangen werden sollte – ob der Zieltext im Vergleich zum Original verändert (d. h. aus Sicht des Übersetzers verbessert) werden sollte. Hätte im Deutschen eine klarere Kommunikationssituation geschaffen werden können?

Eine Möglichkeit wäre zum Beispiel gewesen, die Kommunikationssituation zu vereinheitlichen. Wie in der Vorstellung der Kommunikationssituation erörtert, dominieren in den untersuchten Abschnitten der Missionstexte Pronomen der 1. Person Plural (‚we'). Die direkte Anrede des Expeditionsanführers mit Pronomen der 2. Person Singular und mit Imperativen wird im Vergleich dazu sehr selten verwendet. Es erscheint daher legitim, diese Uneinheitlichkeit zu hinterfragen und sich beispielsweise in diesen selteneren Fällen für eine andere Anredeform (z. B. ein inklusives ‚we') zu entscheiden. Derartige Änderungen würden allerdings Abweichungen auf den Situationsdimensionen Participation und Social Role Relationship bedeuten. In Bezug auf die Erhaltung des Spielerlebnisses wäre die Vermeidung der direkten Anrede der Figur, mit der sich der Spieler identifizieren soll, zudem ein verhältnismäßig großer Eingriff. Die direkte Anrede in der 2. Person ist eine gängige Strategie in Videospielen, die Immersion des Spielers durch die Einbeziehung zu verstärken (vgl. Bernal-Merino 2015, 138–39). Laut Ensslin (2012, 93) gehören Pronomen der 2. Person und Imperative zu den verbreitetsten sprachlichen Phänomenen in Videospielen. Es ist selbstverständlich möglich, dass sich der Spieler auch bei der Nutzung von Pronomen der 1. Person involviert fühlt. Voraussetzung dafür ist jedoch, dass er das Pronomen tatsächlich als inklusiv erkennt oder er sich mit dem Expeditionsanführer identifiziert und den Text als eigene Rede interpretiert.

Vielleicht ist der deutliche immersive Effekt der direkten Anrede in der 2. Person ein Grund dafür, warum diese in der deutschen Version erhalten und – bis auf gewisse Anpassungen in einer einzigen Quest – nicht zur Vereinheitlichung weggelassen wurden. Es wird wie erwähnt versucht, die Kommunikationssituation im Deutschen auf andere Art etwas einheitlicher zu gestalten, oder schlicht mit der unklaren Kommunikationssituation umzugehen, indem die direkte Anrede eines anderen Individuums als dem Expeditionsanführer durch Omission und andere Vermeidungsstrategien (Adhortativ, unpersönliche Struktur mit Passiv oder Modalverben) umgangen wird. Wichtig ist, dass diese Strategien konsequent verfolgt werden.

Vermeidungsstrategien wie diese sind also eine Möglichkeit, mit Problemen wie einer unklaren Kommunikationssituation umzugehen. Wie sich in der Analyse gezeigt hat, hat dies aber Konsequenzen für die Registerdimensionen (z. B. darauf, wie autoritär ein Adressant/Sprecher wirkt, also die Dimension Social Role Relationship), und unter Umständen sind diese Konsequenzen ungewollte Nebeneffekte. Um trotzdem die Textfunktion des Originals möglichst vollständig zu erhalten – was nach dem Modell von House (2015) und im Bereich der Videospiellokalisierung (vgl. O'Hagan und Mangiron 2013, 154) die Qualität von Zieltexten ausmacht – können Kompensationsstrategien angewandt werden, also die Verwendung eines kompensierenden lexikogrammatischen Mittels im unmittelbaren Kotext (siehe z. B. die Besprechung von Beispiel (24)).

Wenn in den von den Entwicklern zur Verfügung gestellten Materialien nicht genug Informationen enthalten sind und auch Rückfragen nicht möglich oder nicht ausreichend sind, muss ein Übersetzer selbst entscheiden, wie er mit einer unklaren Kommunikationssituation umgeht. Dies ist ein Balanceakt zwischen der Nutzung der besonderen Freiheit, die der Videospiellokalisierung nachgesagt wird (vgl. Mangiron und O'Hagan 2006, 20) und der Aufrechterhaltung des „original feel" (ebd.). Die Umsetzungsmöglichkeit hängt erheblich vom Arbeitsaufwand, vom Zeitrahmen und von der Anzahl der Übersetzer ab, die gleichzeitig am Projekt arbeiten. Die Kommunikationssituation in den Missionstexten zu vereinheitlichen wäre sicherlich mit einem großen planerischen Aufwand verbunden.

7. Fazit

In dieser Arbeit ist der Versuch unternommen worden, funktionale Abweichungen zwischen den Missionstexten der deutschen Version des Sci-Fi-Strategiespiels *C:BE* und der englischen Originalversion zu ermitteln. Dazu wurde das pragmatisch-funktionale Qualitätsanalysemodell von House (2015) verwendet. Es wurden lexikogrammatische Mittel untersucht, die im Deutschen die Autorität des Adressanten, das soziale Verhältnis zum Kommunikationspartner und die Einbeziehung des Adressaten anders darstellten als im Original. Die Abweichungen, die auf den dazugehörigen Situationsdimensionen Social Role Relationship, Social Attitude und Participation festgestellt wurden, waren oft subtil.

Es hat sich bestätigt, dass die Entscheidung der Übersetzer hierbei sehr bedeutsam sein kann. Die Wirkung ist unter Umständen stark unterschiedlich, da dadurch bestimmt wird, ob zum Beispiel eine direkte Adressateninvolvierung, eine implizite oder gar keine Involvierung stattfindet. Mit anderen Worten hat diese Entscheidung erhebliche Auswirkungen darauf, wie der Spieler das Videospiel und seine Rolle darin wahrnimmt. Diese Wahrnehmung in der Welt des Spiels ist grundlegend wichtig für die Immersion, die – wie oben dargestellt – ein zentrales Ziel der Entwickler ist.

Die Anwendung des Qualitätsanalysemodells wurde durch die besondere Anredesituation in Videospielen, die im Fall der Missionstexte von *C:BE* zu Unklarheiten über die Kommunikationssituation geführt hat, erschwert. Es stellt sich die Frage, ob es sich dabei vor allem um ein genrespezifisches Problem handelt oder dies einen grundlegenden Verbesserungsbedarf des Analysemodells darstellt.

Rundenbasierte Strategiespiele enthalten durch ihre Vogelperspektive mit Cursor statt steuerbarem Avatar häufig In-Game-Texte, die sich an den Spieler in seinen verschiedenen Rollen richten können – als realer Spieler, als Protagonist (im Falle von *C:BE* als Anführer einer Weltraumexpedition) oder als unbeteiligter Leser (vgl. Carr 2006, 40–41). Es wäre interessant zu untersuchen, ob es sich bei der unklaren Kommunikationssituation oder dem komplexen Monologstil um ein verbreitetes Phänomen in rundenbasierten (Sci-Fi-)Strategiespielen handelt oder um eine spezifische Herausforderung von *C:BE*. Die Untersuchung von genretypischem Stil (z. B. Anredeformen) in Strategiespielen könnte zur Entwicklung von Nachschlagewerken beitragen, die einerseits bei der Qualitätseinschätzung helfen und andererseits Videospielübersetzern als Orientierung dienen könnten – gerade bei unzureichenden Kontextinformationen und Style Guides.

In Bezug auf *C:BE* wäre außerdem wissenswert, wie der Expeditionsanführer, der den Spieler repräsentiert, in den Dialogen mit anderen Anführern sprachlich im Original und in der lokalisierten Version dargestellt wird. Dort ist die Kommunikationssituation eindeutig. Ob ein einheitlicher oder authentischer Stil im Original gewählt wurde, könnte auch dort die Zielversion beeinflussen oder vor Herausforderungen stellen.

In zukünftigen Studien zur Übersetzungsqualität wären Rezeptionsstudien eine hilfreiche Ergänzung (siehe dazu Mangiron 2018, 128–30). Auch in der vorliegenden Arbeit wäre ergänzendes Material zur unmittelbaren Wirkung der Missionstexte auf Spieler sehr spannend. Wie würden Spieler die Kommunikationssituation in den Missionstexten beschreiben? Wie wirken die Adressanten der Missionstexte auf Spieler der englischen im Vergleich zur deutschen Version – bestätigen sich die Ergebnisse der hier durchgeführten Analyse? Wäre eine kontinuierliche direkte Anrede immersiver? Dieser empirische Ansatz hätte allerdings seine eigenen epistemologischen und methodologischen Herausforderungen (vgl. Mangiron 2018, 129; House 2015, 10–11).

Allgemein ist weitere Forschung zur Qualität im Bereich der Videospiellokalisierung wünschenswert, wie Mangiron (2018, 130–31) bereits betont hat. Das Medium Videospiel besitzt durch seine Interaktivität oft eine ganz eigene Sprache, die sich von der des Films, des Romans und anderer Medien teils stark unterscheidet. Videospiele stellen dadurch einzigartige Anforderungen nicht nur an die Autoren, sondern auch an die Übersetzung. Die vorliegende Arbeit stellt einen Versuch dar, einen kleinen Beitrag zur Erforschung dieser einzigartigen Anforderungen der Videospiellokalisierung, ihrer Maßstäbe an Qualität und einiger ihrer Fallstricke zu leisten.

Literaturverzeichnis

2K Games (2014): *Sid Meier's Civilization: Beyond Earth.* Firaxis Games.

Bainbridge, William Sims (2018): *Computer Simulations of Space Societies.* Cham: Springer International Publishing. (= Space and Society).

Baumgarten, Nicole / House, Juliane / Probst, Julia (2004): "English as *Lingua Franca* in Covert Translation Processes." In: *The Translator* 10 (1), 83 – 108. URL: https://doi.org/10.1080/13556509.2004.10799169 [letzter Zugriff: 09.10.2020].

Bernal-Merino, Miguel À. (2006): "On the Translation of Video Games." In: *The Journal of Specialised Translation* 6, 22 – 36. URL: https://www.jostrans.org/issue06/art_bernal.pdf [letzter Zugriff: 09.10.2020].

——— (2007): "Challenges in the translation of video games." In: *Tradumàtica: traducció i tecnologies de la informació i la comunicació* 5, 1 – 7. URL: http://www.fti.uab.es/tradumatica/revista/num5/articles/02/02.pdf [letzter Zugriff: 09.10.2020].

——— (2015): *Translation and Localisation in Video Games: Making Entertainment Software Global.* London: Routledge. (= Routledge Advances in Translation Studies. 6).

——— (2020): "Key Concepts in Game Localisation Quality." In: Bogucki, Łukasz / Deckert, Mikołaj [Eds.] (2020): *The Palgrave Handbook of Audiovisual Translation and Media Accessability.* Cham: Palgrave Macmillan. (= Palgrave Studies in Translating and Interpreting). 297 – 314.

Bernardo, Ana Maria (2007): "Modelle zur Beurteilung von Übersetzungen im Vergleich – Leistungsfähigkeit und praktische Anwendbarkeit." In: House, Juliane / Baumgarten, Nicole [Hrsg.] (2007): *Translationskritik: Modelle und Methoden*. Bochum: AKS-Verlag Bochum. (= Fremdsprachen in Lehre und Forschung. 42). 1 – 18.

Biber, Douglas / Conrad, Susan (2009): *Register, Genre and Style*. Cambridge: Cambridge University Press. (= Cambridge Textbooks in Linguistics).

Biber, Douglas / Johansson, Stig / Leech, Geoffrey / Conrad, Susan / Finegan, Edward ([6]2007): *Longman Grammar of Spoken and Written English*. 6. Aufl. Harlow: Longman.

Bloor, Thomas / Bloor, Meriel ([3]2013): *The Functional Analysis of English: A Hallidayan Approach*. 3. Aufl. London: Routledge.

Caldwell, Nicholas (2004): "Theoretical Frameworks for Analysing Turn-Based Computer Strategy Games." In: *Media International Australia* 110 (1), 42 – 51. URL: https://doi.org/10.1177/1329878X0411000107 [letzter Zugriff: 09.10.2020].

Carr, Diane (2006): "Games and Narrative." In: Carr, Diane / Buckingham, David / Burn, Andrew / Scott, Gareth [Eds.] (2006): *Computer Games: Text, Narrative and Play*. Cambridge: Polity Press. 30 – 44.

Chandler, Heather Maxwell / O'Malley Deming, Stephanie ([2]2012): *The Game Localization Handbook*. 2. Aufl. Sudbury: Jones & Bartlett Learning. (= Foundations of Game Development).

Chojnowski, Ryszard (2016): "The Practical Aspects of Video Game Localization." In: *Styles of Communication* 8 (1), 71 – 94. URL: http://stylesofcomm.fjsc.unibuc.ro/archives/vol-8-no-1 [letzter Zugriff: 09.10.2020].

Crystal, David / Davy, Derek ([4]1974): *Investigating English Style*. 4. Aufl. Harlow: Longman. (= English Language Series).

Dietz, Frank (2006): "Issues in Localizing Computer Games." In: Dunne, Keiran J. [Ed.] (2006): *Perspectives on Localization.* Amsterdam: John Benjamins. (= American Translators Association: American Translators Association scholarly monograph series. 13). 121 – 134.

——— (2007): "‚How difficult can that be?' – The Work of Computer and Video Game Localization." In: *Tradùmatica: traducció i tecnologies de la informació i la communicació* 5, 1 – 6. URL: http://www.fti.uab.es/tradumatica/revista/num5/articles/04/04.pdf [letzter Zugriff: 09.10.2020]

Dinehart, Stephen (2009): "Writing for Real-Time Strategy Games." In: Despain, Wendy [Ed.] (2009): *Writing for Video Game Genres: From FPS to RPG.* Wellesley: Taylor & Francis. 69 – 78.

Duden (o. J.): *Duden online.* URL: https://www.duden.de [letzter Zugriff: 09.10.2020].

Effective Media (2014): "Projekt Civilization: Beyond Earth." URL: http://www.effective-media.de/index.php?l=20&id_projekt=514&hea=3&rr=0&m=0&b=1600 [letzter Zugriff: 09.10.2020].

Eggins, Suzanne (1994): *An Introduction to Systemic Functional Linguistics.* London: Pinter Publishers.

Ensslin, Astrid (2012): *The Language of Gaming.* Basingstoke: Palgrave Macmillan.

Fernández Costales, Alberto (2012): "Exploring Translation Strategies in Video Game Localization." In: *MonTI. Monografías de Traducción e Interpretación* 4, 385 – 408. URL: https://doi.org/10.6035/MonTI.2012.4.16 [letzter Zugriff: 09.10.2020].

Fladerer, Bernd (2013): *Videospiele zwischen Wirtschaftlichkeit, Recht und Moral.* Marburg: Tectum Verlag.

Fries, Norbert (1992): "Zur Syntax des Imperativs im Deutschen." In: *Zeitschrift für Sprachwissenschaft* 2 (11), 153 – 188. URL: https://doi.org/10.1515/zfsw.1992.11.2.153 [letzter Zugriff: 09.10.2020].

game (2020): "Jahresreport der deutschen Games-Branche 2020." Hrsg. v. game – Verband der deutschen Games-Branche e.V.. URL: https://www.game.de/wp-content/uploads/2020/08/game-Jahresreport-2020.pdf [letzter Zugriff: 09.10.2020].

Grabianowski, Ed (2014): "Why *Civilization: Beyond Earth* is the Hottest New Space Strategy Game." In: *Gizmodo*. URL: https://io9.gizmodo.com/why-civilization-beyond-earth-is-the-hottest-new-space-1616579761 [letzter Zugriff: 09.10.2020].

Halliday, Michael A. K. (1977): *Explorations in the Functions of Language*. London: Arnold. (= Explorations in Language Study).

——— (1979): *Language as Social Semiotic: The Social Interpretation of Language and Meaning*. London: Arnold.

——— (2009): "Methods – Techniques – Problems." In: Halliday, Michael A. K. / Webster, Jonathan J. [Eds.] (2009): *Continuum Companion to Systemic Functional Linguistics*. London: Continuum. (= Continuum Companions). 59 – 86.

Halliday, Michael A. K. / Matthiessen, Christian M. I. M. ([4]2014): *Halliday's Introduction to Functional Grammar*. 4. Aufl. Milton Park: Routledge.

Honeywood, Richard / Fung, Jon (2012): "Best Practices for Game Localization." IGDA Localization SIG [Ed.]. URL: http://englobe.com/wp-content/uploads/2012/05/Best-Practices-for-Game-Localization-v21.pdf [letzter Zugriff: 09.10.2020].

House, Juliane ([2]1981). *A Model for Translation Quality Assessment*. 2. Aufl. Tübingen: Narr. (= Tübinger Beiträge zur Linguistik. 88).

——— (1997a): "Interkulturelle Pragmatik und Übersetzen." In: Wotjak, Gerd / Schmidt, Heide [Hrsg.] (1997): *Modelle der Translation: Models of Translation.* Frankfurt: Vervuert. (= Leipziger Schriften zur Kultur-, Literatur-, Sprach- und Übersetzungswissenschaft. 2). 21 – 40.

——— (1997b): *Translation Quality Assessment: A Model Revisited.* Tübingen: G. Narr. (= Tübinger Beiträge zur Linguistik. 410).

——— (2003): "English as Lingua Franca and its Influence on Discourse Norms in Other Languages." In: Anderman, Gunilla M. / Rogers, Margaret [Eds.] (2003): *Translation Today: Trends and Perspectives*. Clevedon: Multilingual Matters.

——— (2004): "Linguistic Aspects of the Translation of Children's Books." In: Kittel, Harald / Frank, Armin Paul / Greiner, Norbert / Hermans, Theo / Koller, Werner / Lambert, José / Paul, Fritz [Eds.] (2004): *Übersetzung–Translation–Traduction. An International Handbook.* Berlin: Mouton de Gruyter. (= Handbook of Linguistics and Communication Science. 26/1). 683 – 697.

——— (2005): "Offene und verdeckte Übersetzung: Zwei Arten, in einer anderen Sprache ‚das Gleiche' zu sagen." In: *Zeitschrift für Literaturwissenschaft und Linguistik* 35, 76 – 101. URL: https://doi.org/10.1007/BF03379444 [letzter Zugriff: 09.10.2020].

——— (2015): *Translation Quality Assessment: Past and Present*. Abingdon: Routledge.

——— (2018): *Translation: The Basics*. London: Routledge. (= The Basics).

Hyland, Ken (2018): *Metadiscourse: Exploring Interaction in Writing*. London: Bloomsbury Publishing. [= Bloomsbury Classics in Linguistics]. URL: https://doi.org/10.5040/9781350063617 [letzter Zugriff: 09.10.2020].

Joos, Martin ([3]1967): *The Five Clocks: A Linguistic Excursion into the 5 Styles of English Usage*. 3. Aufl. New York: Harcourt, Brace & World.

Kern, Peter Christoph (1994): "Pathos: Vorläufige Überlegungen zu einer verpönten Kommunikationshaltung." In: Jakob, Karlheinz / Kelle, Bernhard / Löffler, Heinrich [Hrsg.] (1994): *Texttyp, Sprechergruppe, Kommunikationsbereich: Studien zur deutschen Sprache in Geschichte und Gegenwart. Festschrift für Hugo Steger zum 65. Geburtstag*. Berlin: De Gruyter. 396 – 411.

Kim, Changgun (2019): *Übersetzen von Videospieltexten: Nekrotexte lesen und übersetzen*. Hrsg. v. Baumann, Klaus-Dieter / Hagemann, Susanne / Kalverkämper, Hartwig / Schubert, Klaus. Berlin: Frank & Timme. (= TRANSÜD. Arbeiten zur Theorie und Praxis des Übersetzens und Dolmetschens. 103).

Klug, Chris (2009): "Writing for Science-Fiction and Fantasy Games." In: Despain, Wendy [Ed.] (2009): *Writing for Video Game Genres: From FPS to RPG*. Wellesley: Taylor & Francis. 127 – 136.

Kocher, Mela (2007): *Folge dem Pixelkaninchen! Ästhetik und Narrativität digitaler Spiele*. Zürich: Chronos Verlag.

Krapp, Peter (2019): "Sid Meier's Civilization: Realism." In: Payne, Matthew Thomas / Huntemann, Nina [Eds.] (2019): *How to Play Video Games*. New York: New York University Press. 45 – 51.

Krieg-Holz, Ulrike / Bülow, Lars (2016): *Linguistische Stil- und Textanalyse: eine Einführung*. Tübingen: Narr Francke Attempto. (= Narr Studienbücher).

LDOAE (1983): *Longman Dictionary of American English*. New York: Longman.

LDOCE (o. J.): *Longman Dictionary of Contemporary English Online*. URL: www.ldoceonline.com [letzter Zugriff: 09.10.2020].

Leginski, Walter / Izzett, Richard R. (1973): "Linguistic Styles as Indices for Interpersonal Distance." In: *The Journal of Social Psychology* 91 (2), 291 – 304. URL: https://doi.org/10.1080/00224545.1973.9923052 [letzter Zugriff: 09.10.2020].

Mago, Zdenko (2019): "Easter Eggs in Digital Games as a Form of Textual Transcendence (Case Study)." In: *Acta Ludologica* 2 (2), 48 – 57. URL: https://www.ceeol.com/search/article-detail?id=818560 [letzter Zugriff: 09.10.2020].

Mangiron, Carmen (2007): "Video Games Localisation: Posing New Challenges to the Translator." In: *Perspectives* 14 (4), 306 – 323. URL: https://doi.org/10.1080/09076760708669046 [letzter Zugriff: 09.10.2020].

——— (2018): "Game on! Burning Issues in Game Localisation." In: *Journal of Audiovisual Translation* 1 (1), 122 – 138. URL: https://doi.org/10.47476/jat.v1i1.48 [letzter Zugriff: 09.10.2020].

Mangiron, Carmen / O'Hagan, Minako (2006): "Game Localization: Unleashing Imagination with ‚Restricted' Translation." In: *Jostrans: The Journal of Specialised Translation* 6, 10 – 21. URL: https://www.jostrans.org/issue06/art_ohagan.pdf [letzter Zugriff: 09.10.2020].

Mindscape (1997): *Imperialismus*. Frog City Software.

Neumann, Stella (2014): *Contrastive Register Variation: A Quantitative Approach to the Comparison of English and German*. Hrsg. v. Volker Gast. Berlin: De Gruyter Mouton. (= Trends in Linguistics. Studies and Monographs. 251).

O'Hagan, Minako (2005): "Multidimensional Translation: A Game Plan for Audiovisual Translation in the Age of GILT." In: Gerzymisch-Arbogast, Heidrun / Nauert, Sandra [Eds.] (2005): *EU High Level Scientific Conferences, Marie Curie Euroconferences*. Saarbrücken: Saarland Museum Modern Gallery. 76 – 87.

O'Hagan, Minako / Mangiron, Carmen (2013): *Game Localization: Translating for the Global Digital Entertainment Industry*. Amsterdam: John Benjamins Publishing Company. (= Benjamins Translation Library. 106).

Peckham, Matt (2014): "Beyond Earth Interview: ‚No Civilization Game Would Be Made Without Sid. He’s the Guy‘.". In: *Time*. URL: https://time.com/70024/civilization-beyond-earth-interview/ [letzter Zugriff: 09.10.2020].

Ray, Alice (2019): "Playing with the Language of the Future: The Localization of Science-fiction Terms in Videogames." In: Ensslin, Astrid / Balteiro, Isabel [Eds.] (2019): *Approaches to Videogame Discourse: Lexis, Interaction, Textuality*. New York: Bloomsbury Academic. 87 – 115.

Reiß, Katharina (²1983): *Texttyp und Übersetzungsmethode: Der operative Text*. 2. Aufl. Heidelberg: Groos.

Sajna, Mateusz (2016): *Video Game Translation and Cognitive Semantics*. Frankfurt am Main: Peter Lang. (= Łódź Studies in Language. 47).

Saldanha, Gabriela / O'Brien, Sharon (2014): *Research Methodologies in Translation Studies*. London: Routledge.

Sandig, Barbara (²2006): *Textstilistik des Deutschen*. 2. Aufl. Berlin: De Gruyter. (= De Gruyter Studienbuch).

Sanz López, Yvonne (2013): *Videospiele übersetzen – Probleme und Optimierung*. Berlin: Frank & Timme. (= TRANSÜD. Arbeiten zur Theorie und Praxis des Übersetzens und Dolmetschens. 56.)

Schmitt, Peter A (1998): "Qualitätsmanagement." In: Snell-Hornby, Mary [Hrsg.] (1998): *Handbuch Translation*. Tübingen: Stauffenburg-Verlag. (= Stauffenburg-Handbücher). 394 – 399.

Sega (1991): *Zero Wing*. Toaplan Studio.

Sowinski, Bernhard (1991): *Deutsche Stilistik: Beobachtungen zur Sprachverwendung und Sprachgestaltung im Deutschen*. Frankfurt am Main: Fischer Taschenbuch Verlag. (= Fischer Taschenbuch. 6147.)

Stockwell, Peter (2000): *The Poetics of Science Fiction.* Harlow: Longman. (= Textual Explorations).

Teich, Elke (2003): *Cross-Linguistic Variation in System and Text: A Methodology for the Investigation of Translations and Comparable Texts.* Berlin: Mouton de Gruyter. (= Text, Translation, Computational Processing. 5).

Thompson, Geoff / Thetela, Pulent (1995): "The Sound of One Hand Clapping: The Management of Interaction in Written Discourse." In: *Text & Talk* 15 (1), 103 – 127. URL: https://doi.org/10.1515/text.1.1995.15.1.103 [letzter Zugriff: 09.10.2020].

Tringham, Neal (2015): *Science Fiction Video Games.* Boca Raton: CRC Press.

Tutka, Paweł (2017): "The Role of Translation Studies in Video Game Localization." In: Drabikowska, Karolina / Izdebska, Marietta / Prażmowska, Anna [Eds.] (2017): *Form, Meaning and Function in Theoretical and Applied Linguistics.* Newcastle upon Tyne: Cambridge Scholars Publishing. 193 – 216.

Voorhees, Gerald A. (2009): "I Play Therefore I Am: Sid Meier's Civilization, Turn-Based Strategy Games and the Cogito." In: *Games and Culture* 4 (3), 254 – 275. URL: https://doi.org/10.1177/1555412009339728 [letzter Zugriff: 09.10.2020].

Weber, Anne Katrin Elisabeth (2016): *Von Bonsaihund, Runzelmaulwurf und Monchichi-Bärchen: eine Studie zu Ad-hoc-Nominalkomposita des Deutschen in der Translation anhand deutscher, französischer und italienischer Ausgangs- und Zieltexte.* Saarbrücken: universaar. (= Dissertationen aus der Philosophischen Fakultät II der Universität des Saarlandes).

Wendorf, Daniel (2014): "Civilization - Beyond Earth: Review." In: *GBase.* URL: https://www.gbase.de/pc/reviews/13681/Civilization---Beyond-Earth-4679__p1.html [letzter Zugriff: 09.10.2020].

Wiemer, Serjoscha (2008): "Strategie in Echtzeit: Ergodik zwischen Kriegsspiel und Wirtschaftssimulation." In: Nohr, Rolf / Wiemer, Serjoscha [Hrsg.] (2008): *Strategie spielen: Medialität, Geschichte und Politik des Strategiespiels*. Münster: Lit Verlag. (= Medien'welten. Braunschweiger Schriften zur Medienkultur. 9). 212 – 248.

Wimmer, Jeffrey (2013): *Massenphänomen Computerspiele: Soziale, kulturelle und wirtschaftliche Aspekte*. Konstanz: UVK Verlagsgesellschaft.

Zifonun, Gisela / Hoffmann, Ludger / Strecker, Bruno (1997): *Grammatik der Deutschen Sprache*. Berlin: De Gruyter. (= Schriften des Instituts für Deutsche Sprache. Bd. 7,1 – 7,3).

Abbildungsverzeichnis

Questverzeichnis

Quest-ID	Ausgangstext	Zieltext
TXT_KEY_QUEST_ACCLIMATION_CHOICE_DIGESTION_EPILOGUE	After much experimentation, our scientists have introduced the sugar-producing microbe into the human stomach. The results are stunning. Test subjects are able to thrive on nearly only half the normal amount of food. As public trials begin, the demand on our food supply is already beginning to wane. With more to go around, perhaps our cities will now grow faster.	Nach langwierigen Forschungen haben unsere Wissenschaftler die Zucker produzierende Mikrobe in den menschlichen Magen eingebracht. Die Testsubjekte kommen mit knapp der Hälfte der üblichen Nahrungsration aus. Seit Beginn der öffentlichen Testreihe ist die Nahrungsnachfrage bereits gesunken. Diese Ergebnisse lassen hoffen, dass unser Stadtwachstum so gesteigert werden kann.
TXT_KEY_QUEST_ACCLIMATION_PROLOGUE	Just recently, {1_cityName} was struck by an enormous tremor. In the aftermath, our Geologists detected significant geothermal activity located in the canyon near the city. If we could gain access to that power source, it would go great lengths towards addressing our energy needs.	Kürzlich wurde {1_cityName} von einem massiven Beben erschüttert. Im Anschluss entdeckten Geologen erhebliche geothermische Aktivitäten in einer Schlucht unweit der Stadt. Wenn wir diese Energiequelle anzapfen könnten, wäre das ein großer Gewinn für unsere Energieversorgung.
TXT_KEY_QUEST_AN_ELEMENTAL_FATE_OBJECTIVE_RESCUE_EPILOGUE	The rescue team was only gone a matter of minutes. Soon, and without explanation, the missing soldiers emerged from the Xenomass doorway. None of them remember their ordeal. But, having undergone physical examination, it is clear they now share genes with many of the local Alien species. They are immensely powerful, and physically altered. Let us hope that is all to have changed…	Nur wenige Minuten, nachdem das Rettungsteam im Xenomasse-Durchlass verschwunden war und ohne weitere Erklärung, tauchten die vermissten Soldaten daraus auf. Keiner von ihnen erinnert sich an ihre Tortur. Doch physische Untersuchungen zeigen, dass sie nun viele Gene der hiesigen Alienspezies in ihrem Genom tragen. Sie sind unglaublich stark und zeigen körperliche Mutationen.

		Hoffentlich müssen wir nicht mit weiteren Veränderungen rechnen ...
TXT_KEY_QUEST_BEAUTY_IN_THE_EYE_OF_THE_ORBITER_CHAPTER_1_PROLOGUE	By chance, your satellite spots what could be a massive alien ruin. A collection of deep canyons are carved into the terrain with surgical percision. The scientific community agrees: This phenomenon would be best observed from above.	Zufällig erfasst Ihr Satellit etwas, das eine riesige Alien-Ruine zu sein scheint. Zahlreiche tiefe Schluchten ziehen sich mit chirurgischer Präzision in das Gelände. Die Wissenschaftswelt ist sich einig: Diese Phänomen sollte von oben erforscht werden.
TXT_KEY_QUEST_BUILDING_CIVIL_CRECHE_EPILOGUE_B	The purpose of the Crèche is to better feed our people, so they may grow strong. We can do this by providing them a high-energy diet. We will find that with proper nourishment, our citizens are stronger, faster, and generally improved.	Der Zweck der Messe ist die Verpflegung und Stärkung unserer Bürger. Das erreichen wir mit nährreichem Essen. Wenn sie wohlgenährt sind, sind unsere Bürger stärker, schneller und einfach besser.
TXT_KEY_QUEST_BUILDING_CLONING_PLANT_EPILOGUE_B	For too long we have allowed the beliefs of some to limit the scientific progress of all. Let us direct our focus towards the health of our people, so that they may no longer be plagued by the weaknesses of our past, be they physical or mental.	Die Ansichten einiger weniger stehen schon zu lange dem wissenschaftlichen Fortschritt aller im Weg. Konzentrieren wir uns auf die Gesundheit unserer Bürger, damit sie die physischen und psychischen Schwächen der Vergangenheit hinter sich lassen können.
TXT_KEY_QUEST_BUILDING_CYTONURSERY_EPILOGUE_B	There's no reason the entire city should not benefit from this wonderful discovery. Spread the mesh around, so that all production might be hastened.	Es gibt keinen Grund, warum nicht die ganze Stadt von dieser wunderbaren Entdeckung profitieren sollte. Das Gewebe wird verteilt, damit die Gesamtproduktion steigt.

TXT_KEY_QUEST_BUILDING_DEFENSE_PERIMETER_BODY	Our Defense Perimeter has finally come on-line, securing the safety of our citizens. It is a marvelous invention, of this there is no doubt. However, some feel we have been careless with its design. A quorum of engineers believes it possible to rewire the power supply to increase efficiency. This would leave the Perimeter with a surplus of power, which could then be diverted to additional functions. If the engineers are correct, we would be fools not to listen.	Unser Verteidigungsring ist endlich einsatzbereit und kann unsere Bürger nun beschützen. Er ist eine wunderbare Erfindung, daran besteht überhaupt kein Zweifel. Aber wir haben das Gefühl, dass wir bei der Entwicklung etwas nachlässig waren. Einige Ingenieure sind überzeugt, dass es möglich ist, die Energieversorgung neu zu strukturieren, um die Effizienz zu verbessern. Das würde dem Ring zusätzliche Energie geben und weitere Funktionen ermöglichen. Sollten die Ingenieure recht haben, wäre es geradezu fahrlässig, nicht auf sie zu hören.
TXT_KEY_QUEST_BUILDING_DEPOT_EPILOGUE_A	If we are to grow in strength, then literal growth is required. We shall put our excess resources into production, so that we may reach our future even faster.	Wenn wir stärker werden wollen, müssen wir wachsen. Wir werden unsere zusätzlichen Ressourcen in die Produktion stecken, damit wir unsere Zukunft noch schneller erreichen.
TXT_KEY_QUEST_BUILDING_GENE_SMELTER_EPILOGUE_B	A strong body leads to a strong mind. If we keep our people healthy and protected, they will advance on their own.	Ein starker Körper führt zu einem starken Geist. Wenn unsere Bürger gesund sind und sich sicher fühlen, sind sie selbst in der Lage, Fortschritte zu machen.
TXT_KEY_QUEST_BUILDING_MANTLE_BODY	Finally, we have achieved the unthinkable. Our people have built a Magnetic-Anomaly Neutral Technology Laboratory, otherwise known as the MANTLE. It is the pinnacle of power generation, unmatched by any known source, natural or man-made. But the MANTLE is not just a generator. It also serves as symbol of our	Endlich haben wir das Unvorstellbare geschafft. Unser Volk hat ein Magnetanomalie-neutrales Technologielabor gebaut, auch bekannt als MANTL. Es stellt die Spitze in der Energieerzeugung dar und verbannt jede bekannte natürliche oder künstliche Energiequelle in den Schatten. Aber das MANTL ist nicht nur ein Generator - es

	ideals and strength. What we attach to that symbol will speak to who we are as a people. So, let us think hard upon this question – Now that we have the power, how will we use it?	dient auch als Symbol für unsere Ideale und Stärke. Alles, was dieses Symbol trägt, zeigt, wer wir sind. Wir sollten also gründlich darüber nachdenken, wie wir diese Energie einsetzen wollen.
TXT_KEY_QUEST_BUILDING_NANOPASTURE_BODY	Through the use of nanobots, we have managed to create a structure which is wholly unique to our new way of life. The Nanopasture merges technology and agriculture in such a way that it allows us to control growth on a molecular level. Imagine a tuber capable of feeding ten families. Or a stalk of bio-reeds, each strong enough to support a metric ton. We can create these things and so much more. Our only limit is that of our imagination and of those we impose on ourselves.	Durch den Einsatz von Nanobots konnten wir eine völlig neue Struktur erschaffen. Die Nanofarm verbindet Technologie und Landwirtschaft in einer Art und Weise, dass wir Wachstum auf einer molekularen Ebene kontrollieren können. Man stelle sich eine Knolle vor, mit der man zehn Familien ernähren kann. Oder Schilf, das stark genug ist, um eine ganze Tonne zu tragen. Solche und viel mehr Dinge können wir jetzt erschaffen - der Fantasie sind keine Grenzen gesetzt.
TXT_KEY_QUEST_BUILDING_NEOPLANETARIUM_BODY	Now that it is complete, our Neoplanitarium will be the center of all astrological study within our civilization. Already, our Astrophysicists have flocked to its doors, prepared to study and work. However, as to what that work will be, they are divided into two schools of thought. The Techno-Progressives believe we should design and launch new satellites, so as not to become obsolete. The Orbital-Conservatives believe we have filled our atmosphere with enough junk and should instead focus on optimizing our existing satellites. Compromise	Jetzt, da es fertig ist, wird das Neoplanetarium der Mittelpunkt aller astrologischen Forschungen unserer Zivilisation sein. Die Astrophysiker tummeln sich schon vor seinen Toren und können es nicht erwarten, mit ihrer Arbeit zu beginnen. Dabei gibt es zwei Schulen mit unterschiedlichen Denkansätzen. Die Techno-Progressiven wollen neue Satelliten bauen und starten, damit wir technisch nicht überholt werden. Die Orbital-Konservativen hingegen sind der Meinung, dass unsere Atmosphäre bereits genug Schrott

	appears to be out of the question.	enthält, und dass es besser wäre, die bereits existierenden Satelliten zu optimieren. Ein Kompromiss steht nicht zur Debatte.
TXT_KEY_QUEST_BUILDING_NEOPLANETARIUM_EPILOGUE_A	We have already littered our atmosphere with numerous satellites and other debris. Let us hold off on launching any more satellites. Let the Astrophysicists optimize our existing system, so that we may increase our orbital network without increasing our imprint upon this world.	Wir haben unsere Atmosphäre schon mit genug Satelliten und Weltraummüll verschmutzt - es ist nicht nötig, weitere Satelliten zu starten. Die Astrophysiker sollen unsere vorhandenen Systeme optimieren, damit wir unser Orbital-Netzwerk verbessern können, ohne dieser Welt noch mehr zur Last zu fallen.
TXT_KEY_QUEST_BUILDING_NEUROLAB_BODY	On Earth, the Internet served as a pre-cursor to what we now call a Neurolab. Both are repositories of knowledge. But whereas the Internet was merely a sieve for humanity's foolishness, the Neurolab is a functionally collective consciousness, bringing together our greatest minds. With such unprecedented collaboration, there is no end to what we can accomplish. We simply have to decide where to start.	Auf der Erde diente das Internet als Vorläufer dessen, was wir jetzt das Neurolabor nennen. Beides sind Aufbewahrungsorte des Wissens. Aber während das Internet kaum mehr als ein Sieb für die Narretei der Menschheit war, ist das Neurolabor ein funktionierendes, kollektives Bewusstsein, das unsere größten Denker zusammenbringt. Durch solch unerreichte Zusammenarbeit sind dem, was wir erreichen können, keine Grenzen mehr gesetzt. Wir müssen nur entscheiden, wo wir anfangen.
TXT_KEY_QUEST_BUILDING_NODE_BANK_BODY	Our citizens are aware we have built a Node Bank within their city. What they do not know is that a Node Bank is so powerful, it requires an Autonomous Artificial Intelligence to manage its moment-to-moment operations. It's possible our people would not appreciate being watched by an A.I. of such	Unsere Bürger wissen, dass wir eine Knotenbank in ihrer Stadt gebaut haben. Was sie nicht wissen, ist die Tatsache, dass eine autonome künstliche Intelligenz nötig ist, um die damit verbundenen Vorgänge zu leiten. Es könnte sein, dass es unseren Bürgern nicht gefallen würde, von einer KI dieses

	magnitude, so we will not tell them. What they don't know cannot hurt them, but it can keep them safe. The Bank's A.I. will use its power to protect the city, depending on how we choose to equip it – defensively or offensively. The choice is ours.	Ausmaßes überwacht zu werden, also werden wir es ihnen nicht sagen. Die Unwissenheit soll ihr Segen und ihre Sicherheit sein. Die KI der Bank wird ihre Macht einsetzen, um die Stadt zu beschützen - abhängig davon, worauf wir uns konzentrieren: auf die Defensive oder auf die Offensive. Die Wahl gehört uns.
TXT_KEY_QUEST_BUILDING_ORGAN_PRINTER_EPILOGUE_B	The dangers of this world grow stronger and so must our military personnel. We will limit the use of Organ Printing to those who fight in our name.	Die Bedrohungen auf dieser Welt werden stärker und das muss auch unser militärisches Personal werden. Wir beschränken den Einsatz des Organdruckers auf diejenigen, die in unserem Namen an Kampfhandlungen beteiligt sind.
TXT_KEY_QUEST_BUILDING_PETRO_PLANT_BODY	No matter where humanity lives, we remain unable to shake our dependence on fossil fuels. Unfortunate though it may be, we cannot deny its usefulness. The resources provided by this new Petrochemical Plant will go great lengths towards our dominance of this planet. Already, our industries clamor for fuel. But so do our citizens. They cannot both have it. If we are to avoid the mistakes of the past, we must limit petroleum's use. Who then shall prosper – Our industries or our people?	Egal, wo die Menschheit lebt, wir sind nicht in der Lage, unsere Abhängigkeit von fossilen Brennstoffen abzuschütteln. So unvorteilhaft das auch sein mag, wir können ihren Nutzen nicht leugnen. Die Ressourcen, die von dieser neuen petrochemischen Anlage zur Verfügung gestellt werden, werden uns bei der Herrschaft über diesen Planeten einen großen Schritt voranbringen. Unsere Industrien verlangen bereits nach Treibstoff, aber ebenso unsere Bürger. Sie können ihn nicht beide haben. Wir müssen die Fehler der Vergangenheit meiden und die Verwendung von Erdöl beschränken. Wer soll vorankommen? Unsere Industrie oder unsere Bevölkerung?

TXT_KEY_ QUEST_BUI LDING_RE- PAIR_FA- CIL- ITY_BODY	With this new automated Repair Facility, many of our technicians will find themselves lacking for work. We should make use of this suddenly available man-power. Our military forces can always use a few more technicians on the assembly line. Then again, our orbital network is in need of optimization. Whichever we choose, we should inform the technicians immediately, so they know where to report in the morning.	Durch diese neue, automatisierte Reparaturanlage werden viele unserer Techniker unter Arbeitsmangel leiden. Wir sollten diese plötzlich frei gewordene Arbeitskraft nutzen. Unsere militärischen Streitkräfte können immer ein paar Techniker an der Fertigungsstraße gebrauchen. Andererseits müsste man auch unser Orbital-Netzwerk optimieren. Wofür auch immer Sie sich entscheiden, wir sollten die Techniker sofort darüber informieren, damit sie wissen, bei wem sie sich morgens melden sollen.
TXT_KEY_ QUEST_BUI LDING_SKY CRANE_BO DY	Unsurprisingly, the discovery of Floatstone has been exceedingly helpful. Without it, we would have never been able to develop the Skycranes, continuing our legacy of construction and progress. If that were not a great enough marvel, the engineers do not wish to stop. They have proposed changes to the Skycranes, both beneficial yet mutually exclusive. The first would be to rework the Skycrane's design for heavy-lifting, making it possible to use the Crane in the Floatstone Quarries. The second would be to streamline the Crane's design, allowing it to be used in wider variety of tasks around the city. Which design shall we select?	Es ist nicht überraschend, dass die Entdeckung des Schwebsteins außerordentlich nützlich war. Ohne ihn hätten wir niemals die Himmelskräne entwickeln und unsere Tradition des Baus und des Fortschritts fortführen können. Und damit nicht genug: Unsere Ingenieure haben sich noch mehr einfallen lassen. Sie haben zwei Möglichkeiten vorgeschlagen, die Himmelskräne zu verändern, um sie noch nützlicher zu machen - jedoch schließt das eine das andere aus. So könnte man die Himmelskräne schwerere Lasten heben lassen, wodurch sie in den Schwebsteinbrüchen eingesetzt werden könnten. Oder man verbessert ihre Stromlinienform, damit sie weitere Aufgaben in der Stadt übernehmen. Was soll es sein?

TXT_KEY_ QUEST_BUI LDING_SKY CRANE_EPI- LOGUE_B	Floatstone is a rare and unbelievably valuable resource. If adapting the Skycrane for heavy-lifting can bring us more of it, then by all means, do it.	Schwebstein ist eine unglaubliche und wertvolle Ressource. Wenn wir die Himmelskräne modifizieren, um schwerere Lasten zu heben, können sie uns mehr davon liefern.
TXT_KEY_ QUEST_BUI LDING_SUR VEIL- LANCE_WE B_EPI- LOGUE_A	Our Covert Agents live in constant threat of discovery and they do it for the sake of their people. Let us use the Surveillance Web to strengthen their efforts, that they may better serve those for whom they sacrifice all.	Unsere Geheimagenten leben mit der ständigen Gefahr der Entdeckung und sie tun dies zum Wohle ihres eigenen Volkes. Setzen wir das Überwachungsnetz ein, um sie bei ihren Bemühungen zu unterstützen, damit sie denen besser dienen können, für die sie alles opfern.
TXT_KEY_ QUEST_BUI LDING_SUR VEIL- LANCE_WE B_EPI- LOGUE_B	The Surveillance Web was built to protect our people, so that is how it shall be used. It will be used to detect and identify threats which are aimed directly at our cities. All gathered data which is unrelated to city defense shall be purged.	Das Überwachungsnetz wurde eingerichtet, um unsere Bevölkerung zu schützen, und so soll es auch eingesetzt werden. Man soll damit Gefahren entdecken und identifizieren, die direkt auf unsere Städte gerichtet sind. Alle gesammelten Daten, die für die Verteidigung unserer Städte nicht von Belang sind, sollen gelöscht werden.
TXT_KEY_ QUEST_BUI LDING_TER RA_VAULT _EPI- LOGUE_A	Science is all around us. Even when knowledge is lost, it can still be found again. A culture, however, is delicate thing. It exists only as long as the people it represents. For this reason, we shall fill the Terra Vault with remnants of our culture. This way, we shall endure, even if our people do not.	Die Wissenschaft ist allgegenwärtig. Selbst wenn Wissen verloren geht, kann es wiedergefunden werden. Eine Kultur ist jedoch eine delikate Angelegenheit. Sie existiert nur so lange, wie es Menschen gibt, die ihr angehören. Aus diesem Grund wollen wir die Terra-Kammer mit unserer Kultur füllen. So kann sie selbst dann überstehen, wenn es unser Volk nicht tut.

TXT_KEY_QUEST_DOGMATIC_ENGINEERING_PROLOGUE	Our first shipment from {1_StationName} has arrived and it has brought more than just goods. It seems a group of stowaways smuggled themselves into the cargo. They claim to be slaves, escaped from the station. They say the station has performed horrible, genetic experiments on them, designed to turn them into the perfect soldiers. They beg us to help free those who were unable to escape.	Unsere erste Lieferung von der Station {1_StationName} ist angekommen - allerdings besteht sie nicht nur aus Gütern. Eine Gruppe von Flüchtlingen hat sich in der Fracht versteckt. Sie behaupten, sie seien Sklaven, die von der Station geflohen sind, und dass dort schreckliche Genexperimente durchgeführt werden, die sie in perfekte Soldaten verwandeln sollen. Sie flehen uns um Hilfe an, die anderen zu befreien, die nicht fliehen konnten.
TXT_KEY_QUEST_FAILURE_PLAYER_ELIMINATED	The {1_playerCiv} has been eliminated!	{@1: plural 1?{@1: gender *:vowel?Das ; masculine?Der ; feminine?Die ; other?;}; other?Die ;}{@1_playerCiv[5]} {@1: plural 1?wurde;2?wurden;} eliminiert
TXT_KEY_QUEST_FOR_YOUR_EYES_ONLY_PROLOGUE	The Agency believes there is valuable information to be uncovered in {1_CityName}. We request an agent be stationed there such that we might gather intelligence. Your cooperation is appreciated.	Die Agentur glaubt, dass in {1_CityName} wertvolle Informationen zu finden sind. Wir wollen, dass ein Agent dort stationiert wird, um die Information zu sammeln. Ihre Kooperation wird sehr geschätzt.
TXT_KEY_QUEST_FOUND_OUTPOST_COLONIST_EPILOGUE	We've completed construction of the necessary machinery. Search for an ideal location to build an Outpost, preferably a location rich with food and resource, and send the Colonist to that location. Once you arrive, setup the Outpost.	Wir haben den Bau der benötigten Maschinen fertiggestellt. Suchen Sie einen idealen Ort für einen Außenposten, vorzugsweise in nahrungs- und ressourcenreichem Gebiet, und schicken Sie den Kolonisten dort hin. Sobald er angekommen ist, bauen Sie den Außenposten.

TXT_KEY_QUEST_FOUND_OUT-POST_DE-SCRIPTION	Found an Outpost	Gründen Sie einen Außenposten
TXT_KEY_QUEST_KILL_SEIGE_WORM_PRO-LOGUE	I traded my life for my leg when I met the Great Worm. Now, with all the fury and courage this cripple can bring to bear, I hunt. I hunt the Earth Drinker. I hunt the Worm.	Ich habe mein Bein gegeben, um mein Leben zu behalten, als ich dem Großen Wurm begegnet bin. Mit allem Zorn und Mut, die ich als Krüppel zustande bringe, jage ich jetzt. Ich jage den Erdtrinker. Ich jage den Wurm.
TXT_KEY_QUEST_LEADFOOT_SOLDIER_BUILD_OR-GAN_PRINTER_EPI-LOGUE	The trials were a success. The Soldiers who volunteered for artificial bone replacement already show a marked increase in endurance. It would seem the closer we grow to this planet, the stronger we become. Let us move forward with the procedure, so that our entire infantry may benefit.	Die Tests waren ein Erfolg. Die Soldaten, die sich freiwillig für künstlichen Knochenersatz gemeldet haben, zeigen bereits eine erhöhte Ausdauer. Je mehr wir uns mit diesem Planeten vertraut machen, desto stärker werden wir anscheinend. Diese Prozedur soll fortgesetzt werden, damit unsere ganze Infanterie davon profitieren kann.
TXT_KEY_QUEST_OC-CUPA-TIONAL_HAZARDS_END_SUPREM-ACY	Though the Aliens are trained, we would be wise to not yet bring them into our homes. Let us instead put them to work, that we may remove the threat from outside our city, yet still put them to good use.	Obwohl die Aliens trainiert sind, wäre es ratsam, sie noch nicht mit in unsere Häuser zu nehmen. Stattdessen sollen sie für uns arbeiten - damit bannen wir die Gefahr, die sie außerhalb unserer Städte darstellen und setzen sie für einen sinnvollen Zweck ein.
TXT_KEY_QUEST_SOLID_STATE_CITI-ZEN_CHOICE_ASY-LUM_TEXT	There were survivors aboard the spacecraft! They were human once, but now they are something different. We are calling them "the Augmented." Like us, they settled a new planet. But where our world sustains life, their world was	An Bord des Raumschiffs gab es Überlebende! Früher waren sie menschlich, doch jetzt sind sie etwas anderes. Wir nennen sie "die Augmentierten". Wie wir siedelten sie auf einem neuen Planeten an. Doch wäh-

	harsh and violent. They tried to adapt by incorporating technology in their flesh, but in the end even technology would not let them thrive in their new home.[NEWLINE][NEWLINE]The Augmented wish to live on our world. Shall we grant them refuge in our cities? Or shall we let them fend for themselves on this new world?	rend unsere Welt Leben ermöglicht, war ihre Welt hart und brutal. Sie versuchten sich anzupassen, indem sie Technologie in ihr Fleisch integrierten, doch am Ende machte es auch Technologie nicht möglich, in ihrer neuen Heimat zu gedeihen.[NEWLINE][NEWLINE] Die Augmentierten wünschen, auf unserer Welt zu leben. Sollen wir ihnen Zuflucht in unseren Städten geben oder sollen wir sie auf dieser neuen Welt für sich selbst kämpfen lassen?
TXT_KEY_QUEST_SOLID_STATE_CITIZEN_GENE_EPILOGUE	While Augmentation brings great power, it must only be adopted as a matter of choice, and not as a precondition for survival. Our own genes are strong to carry us on this new world, and so let us give the Augmented back that which was forced from them in the stark calculus of survival.	Während die Augmentierung äußerst mächtig macht, muss sie dennoch immer eine Wahl bleiben und darf keine Voraussetzung zum Überleben darstellen. Unsere eigenen Gene sind stark genug, uns durch diese neue Welt zu tragen, und so lasset uns den Augmentierten das zurückgeben, was ihnen im eiskalten Kampf ums Überleben genommen wurde.
TXT_KEY_QUEST_SOLID_STATE_CITIZEN_PROLOGUE	A spacecraft plummeted through the atmosphere and crashed not far away. Where did it come from? Who built it? What was their intention? We will find out in time, once we have investigated the wreckage more fully.	Ein Raumschiff hat die Atmosphäre durchquert und ist nicht weit von hier entfernt abgestürzt. Wo kam es her? Wer hat es gebaut? Was haben sie vor? Wir werden es herausfinden, sobald wir das Wrack gründlich untersucht haben.
TXT_KEY_QUEST_SOLID_TRADE_ROUTE_EPILOGUE	For too long, our species has fallen prey to primal instincts. It is time we shed the senseless need to pit tribe against tribe. After all, is that not what led us to this point? Let the past be past! Embrace our new allies!	Viel zu lange ist unsere Spezies Urinstinkten zum Opfer gefallen. Es wird Zeit, den sinnlosen Trieb, Stamm auf Stamm zu hetzen, einzudämmen. War das nicht eigentlich der Grund dafür, dass wir an diesem Punkt

	For it is through peace and tolerance that we lay the true cornerstones of our survival.	stehen? Lassen wir die Vergangenheit hinter uns! Gehen wir offen auf unsere neuen Verbündeten zu! Denn mit Frieden und Toleranz befestigen wir die wahren Eckpfeiler für unser Überleben.
TXT_KEY_QUEST_SOLITUDE_PROLOGUE	Your citizens are growing fond of this world. Perhaps more knowledge can be gained by living closer to it.	Diese Welt wächst Ihren Einwohnern ans Herz. Vielleicht kann mehr Wissen erlangt werden, wenn man verbundener mit ihr lebt.
TXT_KEY_QUEST_STARTOGRAPHER_DESCRIPTION	Startographer	Sternograf
TXT_KEY_QUEST_STATION_SPAWN_CHOICE_SUMMARY	Choose a Station to Charter	Wählen Sie eine Station, die gegründet werden soll
TXT_KEY_QUEST_STEEL_SYNAPSE_PROLOGUE	Our research into neural mapping has revealed the potential to link minds through circuitry, thereby creating a true collective consciousness. Imagine it – Our entire civilization, thinking as one. The advantages this would give us are staggering.	Unsere Forschung an der Kartografie von neuralen Netzen hat den möglichen Weg aufgezeigt, den Verstand mehrerer Personen zu verbinden: ein echtes kollektives Bewusstsein. Man stelle sich das vor: Unsere gesamte Gesellschaft, die wie eins denkt. Das hätte sicher beachtliche Vorteile.
TXT_KEY_QUEST_TROUBLE_ABROAD_OBJECTIVE_HELP_VS_HINDER_PROMPT_CHOICE	Surprised, but glad for the help, the descenting military forces agree to our offer. With a large enough force, their could make their escape a reality. They ask for your help.	Etwas überrascht, aber froh über die Hilfe, haben die abtrünnigen Streitkräfte Ihr Angebot angenommen. Mit ausreichender Hilfe könnte ihre Flucht Realität werden. Sie bitten Sie um Hilfe.

_HELP_EPI-LOGUE		
TXT_KEY_QUEST_TROUBLE_ABROAD_OB-JEC-TIVE_HELP_VS_HIN-DER_PROMPT_CHOICE_HIN-DER_EPI-LOGUE	The leaders of {1_cityName} are shocked but thankful for your shared intel. Your act is seen as a sign of respect, and trust grows between your peo-ple.	Die Anführer von {1_city-Name} sind geschockt, aber dankbar für die Information. Ihre Handlung wird als Zei-chen des Respekts angesehen und zwischen unser beider La-ger wächst das Vertrauen.
TXT_KEY_QUEST_TROUBLE_ABROAD_OB-JEC-TIVE_SEND_AGENT_EPILOGUE	Safely arrived in {1_CityName}, your agent awaits orders from the colony. If the locals here are unhappy with their government, it could pay for us to know.	Unser Agent ist sicher in {1_CityName} angekommen und erwartet Befehle aus der Kolonie. Wenn die Einheimi-schen mit ihrer Regierung un-zufrieden sind, könnte es sich lohnen, das zu wissen.
TXT_KEY_QUEST_VIC-TORY_CON-TACT_BEA-CON_EPI-LOGUE	The Beacon is complete and it is glorious. It stands before us now, a monument not only to our civilization, but to that which preceded us. By com-pleting The Beacon, we have inherited an ancient legacy and proven ourselves worthy of contact. [NEWLINE][NEW-LINE] The Beacon is waiting. We have but to turn it on and all shall be revealed to us. Here we stand on the precipice of first contact. Let us not wait any longer.	Das Leuchtfeuer ist fertigge-stellt und es ist glorreich. Es steht vor uns, ein Monument nicht nur für unsere Kolonie, sondern auch für die, die vor uns waren. Durch den Bau des Leuchtfeuers haben wir ein ur-altes Vermächtnis angetreten und uns des Kontakts für wür-dig erwiesen. [NEWLINE][NEWLINE] Das Leuchtfeuer wartet. Wir müs-sen es nur noch aktivieren, dann wird uns alles offenbart. Wir stehen an der Schwelle, den ersten Kontakt zu machen. Das Warten hat jetzt ein Ende.

TXT_KEY_ QUEST_VIC-TORY_CON-TACT_SIG-NAL_EPI-LOGUE	This is it... The Signal, in its entirety. We now have in our possession an actual message from a sentient, alien life form. The ramifications of this discovery are staggering. What if they're still out there? This could be the first step towards making contact with an alien civilization. [NEWLINE] [NEWLINE] After studying The Signal further, we believe it is definitely a message. Something left behind by this planet's previous inhabitants. Is it a warning? A eulogy for a fallen civilization? Or perhaps, a map telling us where they've gone? We won't know until we've decoded The Signal.	Das ist es: das Signal in seiner Gesamtheit. Jetzt besitzen wir tatsächlich eine Nachricht von einer empfindsamen, fremdartigen Lebensform. Die Auswirkungen dieser Entdeckung sind atemberaubend. Was, wenn sie noch da draußen sind? Das könnte unser erster Schritt sein, Kontakt mit einer fremdartigen Zivilisation aufzunehmen. [NEWLINE][NEWLINE] Nach weiteren Untersuchungen des Signals glauben wir, dass es definitiv eine Nachricht ist. Etwas, das von den früheren Einwohnern dieses Planeten zurückgelassen wurde. Ist es eine Warnung? Ein Nachruf auf eine gefallene Zivilisation? Oder vielleicht eine Karte, die uns sagt, wohin sie gegangen sind? Wir werden es erst wissen, wenn wir das Signal entschlüsselt haben.
TXT_KEY_ QUEST_VIC-TORY_DO-MINA-TION_PRO-LOGUE	Our mother Earth was plagued by war and strife, by cruelty, by suffering. Even here, on this new world, these sorrows pursue us. Our enemies abound, and they will never relent while they believe we are vulnerable. We must be strong if we are to survive, vigilant if we are to preserve our security and the future of our way of life. [NEWLINE][NEWLINE] The only certain way to safeguard our new home is to become the undisputed masters of it. You must conquer the capital city of every other faction on the	Unsere Erde war geschunden durch Krieg und Unfrieden, Grausamkeit und Leid. Selbst hier, auf dieser neuen Welt, verfolgen uns diese Sorgen. Unsere Feinde sind zahlreich, und sie werden nicht nachgeben, solange sie denken, dass wir verwundbar sind. Wir müssen stark sein, wenn wir überleben wollen; wachsam, wenn wir unsere Sicherheit und unsere Lebensart erhalten wollen. [NEWLINE][NEWLINE] Es gibt nur einen sicheren Weg, unsere neue Heimat zu schüt-

	planet. Only then, with all rival nations eradicated or united under our banner, will peace truly be assured.	zen: Wir müssen ihre unangefochtenen Herrscher werden. Sie müssen die Hauptstadt jeder anderen Fraktion auf dem Planeten erobern. Nur dann, wenn alle gegnerischen Nationen ausgelöscht oder unter unserem Banner vereint sind, ist der Frieden wirklich sichergestellt.
TXT_KEY_QUEST_VICTORY_EMANCIPATION_PROLOGUE	We left Earth with the goal of finding a new home for our people. Little did we know that our trials would transform us – physically, mentally, and spiritually. Yes, we have found a home. But with it, we have found so much more - We have charted the unknown frontier. It is time to complete our mission and return to Earth. [NEWLINE][NEWLINE] We have evolved beyond the petty squabbles which forced us to leave our world behind. It is time to turn attentions homeward, to Earth. Not to rejoin them, but to liberate them from their trifling, unenlightened existence. [NEWLINE][NEWLINE] Before we can begin, we must re-establish contact with Earth. Our best hope is to focus our research towards Advanced Orbital Infrastructure, through which we shall be able to send faster-than-light communications by launching a Lasercom Satellite. Once this has been accomplished, we will be to move forward with our plans.	Wir verließen die Erde, um eine neue Heimat für unsere Leute zu finden. Woher hätten wir wissen sollen, dass unsere Prüfungen uns verändern würden, physisch ebenso wie psychisch und spirituell. Ja, wir fanden eine neue Heimat, doch dort fanden wir auch so viel mehr. Wir haben unbekannte Regionen betreten. Es ist an der Zeit, unsere Mission zu beenden und zur Erde zurückzukehren. [NEWLINE][NEWLINE] Wir haben uns weiterentwickelt und stehen nun über den Kleinigkeiten, die uns einst dazu zwangen, unsere Welt hinter uns zu lassen. Es ist an der Zeit, unsere Aufmerksamkeit wieder der alten Heimat zuzuwenden: der Erde. Nicht, um uns den Menschen dort wieder anzuschließen, sondern um sie von ihrer unbedeutenden, unwissenden Existenz zu befreien. [NEWLINE][NEWLINE] Bevor wir beginnen können, müssen wir den Kontakt mit der Erde wiederherstellen. Unsere beste Hoffnung liegt in der Erforschung von

		fortschrittlicher orbitaler Infrastruktur, durch die wir Kommunikation in Überlichtgeschwindigkeit versenden können, indem wir einen Lasercom-Satelliten starten. Sobald das erreicht ist, können wir unsere Pläne weiter vorantreiben.

TRANSÜD. Arbeiten zur Theorie und Praxis des Übersetzens und Dolmetschens

Die Bände 1 bis 5 sind bei der Peter Lang GmbH erschienen und dort zu beziehen.

Bd. 6 Przemysław Chojnowski: Zur Strategie und Poetik des Übersetzens. Eine Untersuchung der Anthologien zur polnischen Lyrik von Karl Dedecius. 300 Seiten. ISBN 978-3-86596-013-9

Bd. 7 Belén Santana López: Wie wird *das Komische* übersetzt? *Das Komische* als Kulturspezifikum bei der Übersetzung spanischer Gegenwartsliteratur. 456 Seiten. ISBN 978-3-86596-006-1

Bd. 8 Larisa Schippel (Hg.): Übersetzungsqualität: Kritik – Kriterien – Bewertungshandeln. 194 Seiten. ISBN 978-3-86596-075-7

Bd. 9 Anne-Kathrin D. Ende: Dolmetschen im Kommunikationsmarkt. Gezeigt am Beispiel Sachsen. 228 Seiten. ISBN 978-3-86596-073-3

Bd. 10 Sigrun Döring: Kulturspezifika im Film: Probleme ihrer Translation. 156 Seiten. ISBN 978-3-86596-100-6

Bd. 11 Hartwig Kalverkämper: „Textqualität". Die Evaluation von Kommunikationsprozessen seit der antiken Rhetorik bis zur Translationswissenschaft. ISBN 978-3-86596-110-5

Bd. 12 Yvonne Griesel: Die Inszenierung als Translat. Möglichkeiten und Grenzen der Theaterübertitelung. 362 Seiten. ISBN 978-3-86596-119-8

Bd. 13 Hans J. Vermeer: Ausgewählte Vorträge zur Translation und anderen Themen. Selected Papers on Translation and other Subjects. 286 Seiten. ISBN 978-3-86596-145-7

Bd. 14 Erich Prunč: Entwicklungslinien der Translationswissenschaft. Von den Asymmetrien der Sprachen zu den Asymmetrien der Macht. 442 Seiten. ISBN 978-3-86596-146-4 (vergriffen, siehe Band 43 der Reihe)

Bd. 15 Valentyna Ostapenko: Vernetzung von Fachtextsorten. Textsorten der Normung in der technischen Harmonisierung. 128 Seiten. ISBN 978-3-86596-155-6

Bd. 16 Larisa Schippel (Hg.): TRANSLATIONSKULTUR – ein innovatives und produktives Konzept. 340 Seiten. ISBN 978-3-86596-158-7

Bd. 17 Hartwig Kalverkämper/Larisa Schippel (Hg.): Simultandolmetschen in Erstbewährung: Der Nürnberger Prozess 1945. Mit einer orientierenden Einführung von Klaus Kastner und einer kommentierten fotografischen Dokumentation von Theodoros Radisoglou sowie mit einer dolmetsch-wissenschaftlichen Analyse von Katrin Rumprecht. 344 Seiten. ISBN 978-3-86596-161-7

TRANSÜD. Arbeiten zur Theorie und Praxis des Übersetzens und Dolmetschens

Bd. 18 Regina Bouchehri: Filmtitel im interkulturellen Transfer. 174 Seiten. ISBN 978-3-86596-180-8

Bd. 19 Michael Krenz/Markus Ramlow: Maschinelle Übersetzung und XML im Übersetzungsprozess. Prozesse der Translation und Lokalisierung im Wandel. Zwei Beiträge, hg. von Uta Seewald-Heeg. 368 Seiten. ISBN 978-3-86596-184-6

Bd. 20 Hartwig Kalverkämper/Larisa Schippel (Hg.): Translation zwischen Text und Welt – Translationswissenschaft als historische Disziplin zwischen Moderne und Zukunft. 700 Seiten. ISBN 978-3-86596-202-7

Bd. 21 Nadja Grbić/Sonja Pöllabauer: Kommunaldolmetschen/Community Interpreting. Probleme – Perspektiven – Potenziale. Forschungsbeiträge aus Österreich. 380 Seiten. ISBN 978-3-86596-194-5

Bd. 22 Agnès Welu: Neuübersetzungen ins Französische – eine kulturhistorische Übersetzungskritik. Eichendorffs *Aus dem Leben eines Taugenichts*. 506 Seiten. ISBN 978-3-86596-193-8

Bd. 23 Martin Slawek: Interkulturell kompetente Geschäftskorrespondenz als Garant für den Geschäftserfolg. Linguistische Analysen und fachkommunikative Ratschläge für die Geschäftsbeziehungen nach Lateinamerika (Kolumbien). 206 Seiten. ISBN 978-3-86596-206-5

Bd. 24 Julia Richter: Kohärenz und Übersetzungskritik. Lucian Boias Analyse des rumänischen Geschichtsdiskurses in deutscher Übersetzung. 142 Seiten. ISBN 978-3-86596-221-8

Bd. 25 Anna Kucharska: Simultandolmetschen in defizitären Situationen. Strategien der translatorischen Optimierung. 170 Seiten. ISBN 978-3-86596-244-7

Bd. 26 Katarzyna Lukas: Das Weltbild und die literarische Konvention als Übersetzungsdeterminanten. Adam Mickiewicz in deutschsprachigen Übertragungen. 402 Seiten. ISBN 978-3-86596-238-6

Bd. 27 Markus Ramlow: Die maschinelle Simulierbarkeit des Humanübersetzens. Evaluation von Mensch-Maschine-Interaktion und der Translatqualität der Technik. 364 Seiten. ISBN 978-3-86596-260-7

Bd. 28 Ruth Levin: Der Beitrag des Prager Strukturalismus zur Translationswissenschaft. Linguistik und Semiotik der literarischen Übersetzung. 154 Seiten. ISBN 978-3-86596-262-1

Bd. 29 Iris Holl: Textología contrastiva, derecho comparado y traducción jurídica. Las sentencias de divorcio alemanas y españolas. 526 Seiten. ISBN 978-3-86596-324-6

TRANSÜD. Arbeiten zur Theorie und Praxis des Übersetzens und Dolmetschens

Bd. 30 Christina Korak: Remote Interpreting via Skype. Anwendungsmöglichkeiten von VoIP-Software im Bereich Community Interpreting – Communicate everywhere? 202 Seiten. ISBN 978-3-86596-318-5

Bd. 31 Gemma Andújar/Jenny Brumme (eds.): Construir, deconstruir y reconstruir. Mímesis y traducción de la oralidad y la afectividad. 224 Seiten. ISBN 978-3-86596-234-8

Bd. 32 Christiane Nord: Funktionsgerechtigkeit und Loyalität. Theorie, Methode und Didaktik des funktionalen Übersetzens. 338 Seiten. ISBN 978-3-86596-330-7

Bd. 33 Christiane Nord: Funktionsgerechtigkeit und Loyalität. Die Übersetzung literarischer und religiöser Texte aus funktionaler Sicht. 304 Seiten. ISBN 978-3-86596-331-4

Bd. 34 Małgorzata Stanek: Dolmetschen bei der Polizei. Zur Problematik des Einsatzes unqualifizierter Dolmetscher. 262 Seiten. ISBN 978-3-86596-332-1

Bd. 35 Dorota Karolina Bereza: Die Neuübersetzung. Eine Hinführung zur Dynamik literarischer Translationskultur. 108 Seiten. ISBN 978-3-86596-255-3

Bd. 36 Montserrat Cunillera/Hildegard Resinger (eds.): Implicación emocional y oralidad en la traducción literaria. 230 Seiten. ISBN 978-3-86596-339-0

Bd. 37 Ewa Krauss: Roman Ingardens „Schematisierte Ansichten“ und das Problem der Übersetzung. 226 Seiten. ISBN 978-3-86596-315-4

Bd. 38 Miriam Leibbrand: Grundlagen einer hermeneutischen Dolmetschforschung. 324 Seiten. ISBN 978-3-86596-343-7

Bd. 39 Pekka Kujamäki/Leena Kolehmainen/Esa Penttilä/Hannu Kemppanen (eds.): Beyond Borders – Translations Moving Languages, Literatures and Cultures. 272 Seiten. ISBN 978-3-86596-356-7

Bd. 40 Gisela Thome: Übersetzen als interlinguales und interkulturelles Sprachhandeln. Theorien – Methodologie – Ausbildung. 622 Seiten. ISBN 978-3-86596-352-9

Bd. 41 Radegundis Stolze: The Translator's Approach – Introduction to Translational Hermeneutics. Theory and Examples from Practice. 304 Seiten. ISBN 978-3-86596-373-4

Bd. 42 Silvia Roiss/Carlos Fortea Gil/María Ángeles Recio Ariza/Belén Santana López/Petra Zimmermann González/Iris Holl (eds.): En las vertientes de la traducción e interpretación del/al alemán. 582 Seiten. ISBN 978-3-86596-326-0

Frank & Timme

TransÜD. Arbeiten zur Theorie und Praxis des Übersetzens und Dolmetschens

Bd. 43 Erich Prunč: Entwicklungslinien der Translationswissenschaft. 3., erweiterte und verbesserte Auflage (1. Aufl. 2007. ISBN 978-3-86596-146-4). 528 Seiten. ISBN 978-3-86596-422-9

Bd. 44 Mehmet Tahir Öncü: Die Rechtsübersetzung im Spannungsfeld von Rechtsvergleich und Rechtssprachvergleich. Zur deutschen und türkischen Strafgesetzgebung. 380 Seiten. ISBN 978-3-86596-424-3

Bd. 45 Hartwig Kalverkämper/Larisa Schippel (Hg.): „Vom Altern der Texte". Bausteine für eine Geschichte des interkulturellen Wissenstransfers. 456 Seiten. ISBN 978-3-86596-251-5

Bd. 46 Hannu Kemppanen/Marja Jänis/Alexandra Belikova (eds.): Domestication and Foreignization in Translation Studies. 240 Seiten. 978-3-86596-470-0

Bd. 47 Sergey Tyulenev: Translation and the Westernization of Eighteenth-Century Russia. A Social-Systemic Perspective. 272 Seiten. ISBN 978-3-86596-472-4

Bd. 48 Martin B. Fischer/Maria Wirf Naro (eds.): Translating Fictional Dialogue for Children and Young People. 422 Seiten. ISBN 978-3-86596-467-0

Bd. 49 Martina Behr: Evaluation und Stimmung. Ein neuer Blick auf Qualität im (Simultan-)Dolmetschen. 356 Seiten. ISBN 978-3-86596-485-4

Bd. 50 Anna Gopenko: Traduire le sublime. Les débats de l'Église orthodoxe russe sur la langue liturgique. 228 Seiten. ISBN 978-3-86596-486-1

Bd. 51 Lavinia Heller: Translationswissenschaftliche Begriffsbildung und das Problem der performativen Unauffälligkeit von Translation. 332 Seiten. ISBN 978-3-86596-470-0

Bd. 52 Claudia Dathe/Renata Makarska/Schamma Schahadat (Hg.): Zwischentexte. Literarisches Übersetzen in Theorie und Praxis. 300 Seiten. ISBN 978-3-86596-442-7

Bd. 53 Regina Bouchehri: Translation von Medien-Titeln. Der interkulturelle Transfer von Titeln in Literatur, Theater, Film und Bildender Kunst. 334 Seiten. ISBN 978-3-86596-400-7

Bd. 54 Nilgin Tanış Polat: Raum im (Hör-)Film. Zur Wahrnehmung und Repräsentation von räumlichen Informationen in deutschen und türkischen Audiodeskriptionstexten. 138 Seiten. ISBN 978-3-86596-508-0

Bd. 55 Eva Parra Membrives/Ángeles García Calderón (eds.): Traducción, mediación, adaptación. Reflexiones en torno al proceso de comunicación entre culturas. 336 Seiten. ISBN 978-3-86596-499-1

Frank & Timme

TransÜD. Arbeiten zur Theorie und Praxis des Übersetzens und Dolmetschens

Bd. 56 Yvonne Sanz López: Videospiele übersetzen – Probleme und Optimierung. 126 Seiten. ISBN 978-3-86596-541-7

Bd. 57 Irina Bondas: Theaterdolmetschen – Phänomen, Funktionen, Perspektiven. 240 Seiten. ISBN 978-3-86596-540-0

Bd. 58 Dinah Krenzler-Behm: Authentische Aufträge in der Übersetzerausbildung. Ein Leitfaden für die Translationsdidaktik. 480 Seiten. ISBN 978-3-86596-498-4

Bd. 59 Anne-Kathrin Ende/Susann Herold/Annette Weilandt (Hg.): Alles hängt mit allem zusammen. Translatologische Interdependenzen. Festschrift für Peter A. Schmitt. 544 Seiten. ISBN 978-3-86596-504-2

Bd. 60 Saskia Weber: Kurz- und Kosenamen in russischen Romanen und ihre deutschen Übersetzungen. 256 Seiten. ISBN 978-3-7329-0002-2

Bd. 61 Silke Jansen/Martina Schrader-Kniffki (eds.): La traducción a través de los tiempos, espacios y disciplinas. 366 Seiten. ISBN 978-3-86596-524-0

Bd. 62 Annika Schmidt-Glenewinkel: Kinder als Dolmetscher in der Arzt-Patienten-Interaktion. 130 Seiten. ISBN 978-3-7329-0010-7

Bd. 63 Klaus-Dieter Baumann/Hartwig Kalverkämper (Hg.): Theorie und Praxis des Dolmetschens und Übersetzens in fachlichen Kontexten. 756 Seiten. ISBN 978-3-7329-0016-9

Bd. 64 Silvia Ruzzenenti: «Präzise, doch ungenau» – Tradurre il saggio. Un approccio olistico al *poetischer Essay* di Durs Grünbein. 406 Seiten. ISBN 978-3-7329-0026-8

Bd. 65 Margarita Zoe Giannoutsou: Kirchendolmetschen – Interpretieren oder Transformieren? 498 Seiten mit CD. ISBN 978-3-7329-0067-1

Bd. 66 Andreas F. Kelletat/Aleksey Tashinskiy (Hg.): Übersetzer als Entdecker. Ihr Leben und Werk als Gegenstand translationswissenschaftlicher und literaturgeschichtlicher Forschung. 376 Seiten. ISBN 978-3-7329-0060-2

Bd. 67 Ulrike Spieler: Übersetzer zwischen Identität, Professionalität und Kulturalität: Heinrich Enrique Beck. 340 Seiten. ISBN 978-3-7329-0107-4

Bd. 68 Carmen Klaus: Translationsqualität und Crowdsourced Translation. Untertitelung und ihre Bewertung – am Beispiel des audiovisuellen Mediums *TEDTalk*. 180 Seiten. ISBN 979-3-7329-0031-1

Bd. 69 Susanne J. Jekat/Heike Elisabeth Jüngst/Klaus Schubert/Claudia Villiger (Hg.): Sprache barrierefrei gestalten. Perspektiven aus der Angewandten Linguistik. 276 Seiten. ISBN 978-3-7329-0023-7

Frank & Timme

TransÜD. Arbeiten zur Theorie und Praxis des Übersetzens und Dolmetschens

Bd. 70 Radegundis Stolze: Hermeneutische Übersetzungskompetenz. Grundlagen und Didaktik. 402 Seiten. ISBN 978-3-7329-0122-7

Bd. 71 María Teresa Sánchez Nieto (ed.): Corpus-based Translation and Interpreting Studies: From description to application / Estudios traductológicos basados en corpus: de la descripción a la aplicación. 268 Seiten. ISBN 978-3-7329-0084-8

Bd. 72 Karin Maksymski/Silke Gutermuth/Silvia Hansen-Schirra (eds.): Translation and Comprehensibility. 296 Seiten. ISBN 978-3-7329-0022-0

Bd. 73 Hildegard Spraul: Landeskunde Russland für Übersetzer. Sprache und Werte im Wandel. Ein Studienbuch. 360 Seiten. ISBN 978-3-7329-0109-8

Bd. 74 Ralph Krüger: The Interface between Scientific and Technical Translation Studies and Cognitive Linguistics. With Particular Emphasis on Explicitation and Implicitation as Indicators of Translational Text-Context Interaction. 482 Seiten. ISBN 978-3-7329-0136-4

Bd. 75 Erin Boggs: Interpreting U.S. Public Diplomacy Speeches. 154 Seiten. ISBN 978-3-7329-0150-0

Bd. 76 Nathalie Mälzer (Hg.): Comics – Übersetzungen und Adaptionen. 404 Seiten. ISBN 978-3-7329-0131-9

Bd. 77 Sophie Beese: Das (zweite) andere Geschlecht – der Diskurs „Frau" im Wandel. Simone de Beauvoirs *Le deuxième sexe* in deutscher Erst- und Neuübersetzung. 264 Seiten. ISBN 978-3-7329-0141-8

Bd. 78 Xenia Wenzel: Die Übersetzbarkeit philosophischer Diskurse. Eine Übersetzungskritik an den beiden englischen Übersetzungen von Heideggers *Sein und Zeit*. 162 Seiten. ISBN 978-3-7329-0199-9

Bd. 79 María-José Varela Salinas/Bernd Meyer (eds.): Translating and Interpreting Healthcare Discourses/Traducir e interpretar en el ámbito sanitario. 266 Seiten. ISBN 978-3-86596-367-3

Bd. 80 Susanne Hagemann: Einführung in das translationswissenschaftliche Arbeiten. Ein Lehr- und Übungsbuch. 360 Seiten. ISBN 978-3-7329-0125-8

Bd. 81 Anja Maibaum: Spielfilm-Synchronisation. Eine translationskritische Analyse am Beispiel amerikanischer Historienfilme über den Zweiten Weltkrieg. 144 Seiten mit CD. ISBN 978-3-7329-0220-0

Bd. 82 Sybille Schellheimer: La función evocadora de la fraseología en la oralidad ficcional y su traducción. 356 Seiten. ISBN 978-3-7329-0232-3

Frank & Timme

TRANSÜD. Arbeiten zur Theorie und Praxis des Übersetzens und Dolmetschens

Bd. 83 Franziska Heidrich: Kommunikationsoptimierung im Fachübersetzungsprozess. 276 Seiten. ISBN 978-3-7329-0262-0

Bd. 84 Cristina Plaza Lara: Integración de la competencia instrumental-profesional en el aula de traducción. 222 Seiten mit CD. ISBN 978-3-7329-0309-2

Bd. 85 Andreas F. Kelletat/Aleksey Tashinskiy/Julija Boguna (Hg.): Übersetzerforschung. Neue Beiträge zur Literatur- und Kulturgeschichte des Übersetzens. 366 Seiten. ISBN 978-3-7329-0234-7

Bd. 86 Heidrun Witte: Blickwechsel. Interkulturelle Wahrnehmung im translatorischen Handeln. 274 Seiten. ISBN 978-3-7329-0333-7

Bd. 87 Susanne Hagemann/Julia Neu/Stephan Walter (Hg.): Translationslehre und Bologna-Prozess: Unterwegs zwischen Einheit und Vielfalt / Translation/Interpreting Teaching and the Bologna Process: Pathways between Unity and Diversity. 434 Seiten. ISBN 978-3-7329-0311-5

Bd. 88 Ursula Wienen/Laura Sergo/Tinka Reichmann/Ivonne Gutiérrez Aristizábal (Hg.): Translation und Ökonomie. 274 Seiten. ISBN 978-3-7329-0203-3

Bd. 89 Daniela Eichmeyer: Luftqualität in Dolmetschkabinen als Einflussfaktor auf die Dolmetschqualität. Interdisziplinäre Erkenntnisse und translationspraktische Konsequenzen. 144 Seiten. ISBN 978-3-7329-0362-7

Bd. 90 Alexander Künzli: Die Untertitelung – von der Produktion zur Rezeption. 264 Seiten. ISBN 978-3-7329-0393-1

Bd. 91 Christiane Nord: Traducir, una actividad con propósito. Introducción a los enfoques funcionalistas. 228 Seiten. ISBN 978-3-7329-0410-5

Bd. 92 Fabjan Hafner/Wolfgang Pöckl (Hg.): „... übersetzt von Peter Handke" – Philologische und translationswissenschaftliche Analysen. 294 Seiten. ISBN 978-3-7329-0443-3

Bd. 93 Elisabeth Gibbels: Lexikon der deutschen Übersetzerinnen 1200–1850. 216 Seiten. ISBN 978-3-7329-0422-8

Bd. 94 Encarnación Postigo Pinazo: Optimización de las competencias del traductor e intérprete. Nuevas tecnologías – procesos cognitivos – estrategias. 194 Seiten. ISBN 978-3-7329-0392-4

Bd. 95 Marta Estévez Grossi: Lingüística Migratoria e Interpretación en los Servicios Públicos. La comunidad gallega en Alemania. 574 Seiten. ISBN 978-3-7329-0411-2

TRANSÜD. Arbeiten zur Theorie und Praxis des Übersetzens und Dolmetschens

Bd. 96 Ivana Havelka: Videodolmetschen im Gesundheitswesen. Dolmetschwissenschaftliche Untersuchung eines österreichischen Pilotprojektes. 346 Seiten. ISBN 978-3-7329-0490-7

Bd. 97 Maria Mushchinina (Hg.): Formate der Translation. 340 Seiten. ISBN 978-3-7329-0506-5

Bd. 98 Zehra Gülmüş: Übersetzungsverfahren beim literarischen Übersetzen. Ahmet Hamdi Tanpınars Roman „Das Uhrenstellinstitut". 196 Seiten. ISBN 978-3-7329-0498-3

Bd. 99 Peter Sandrini: Translationspolitik für Regional- oder Minderheitensprachen. Unter besonderer Berücksichtigung einer Strategie der Offenheit. 524 Seiten. ISBN 978-3-7329-0513-3

Bd. 100 Aleksey Tashinskiy/Julija Boguna (Hg.): Das WIE des Übersetzens. Beiträge zur historischen Übersetzerforschung. 248 Seiten. ISBN 978-3-7329-0536-2

Bd. 101 Heike Elisabeth Jüngst/Lisa Link/Klaus Schubert/Christiane Zehrer (eds.): Challenging Boundaries. New Approaches to Specialized Communication. 228 Seiten. ISBN 978-3-7329-0524-9

Bd. 102 Chuan Ding: „Peterchens Mondfahrt" in chinesischer Übersetzung. Eine Kritik. 124 Seiten. ISBN 978-3-7329-0528-7

Bd. 103 Changgun Kim: Übersetzen von Videospieltexten. Nekrotexte lesen und übersetzen. 164 Seiten. ISBN 978-3-7329-0379-5

Bd. 104 Guntars Dreijers/Agnese Dubova/Jānis Veckrācis (eds.): Bridging Languages and Cultures. Linguistics, Translation Studies and Intercultural Communication. 338 Seiten. ISBN 978-3-7329-0429-7

Bd. 105 Madeleine Schnierer: Qualitätssicherung. Die Praxis der Übersetzungsrevision im Zusammenhang mit EN 15038 und ISO 17100. 286 Seiten. ISBN 978-3-7329-0539-3

Bd. 106 Lavinia Heller/Tomasz Rozmysłowicz (Hg.): Translation und Interkulturelle Kommunikation / Translation and Intercultural Communication. Beiträge zur Theorie, Empirie und Praxis kultureller Austauschprozesse / Theoretical, Empirical and Practical Perspectives on Cultural Exchanges. 178 Seiten. ISBN 978-3-7329-0351-1

Bd. 107 Brita Dorer: Advance Translation as a Means of Improving Source Questionnaire Translatability? Findings from a Think-Aloud Study for French and German. 554 Seiten. ISBN 978-3-7329-0594-2

Bd. 108 Annegret Sturm: Theory of Mind in Translation. 334 Seiten. ISBN 978-3-7329-0492-1

TRANSÜD. Arbeiten zur Theorie und Praxis des Übersetzens und Dolmetschens

Bd. 109 Akkad Alhussein: Vom Zieltext zum Ausgangstext. Das Problem der retroflexen Wirksamkeit der Translation. 290 Seiten. ISBN 978-3-7329-0679-6

Bd. 110 Ursula Stachl-Peier/Eveline Schwarz (Hg./eds.): Ressourcen und Instrumente der translationsrelevanten Hochschuldidaktik / Resources and Tools for T&I Education. Lehrkonzepte, Forschungsberichte, Best-Practice-Modelle / Research Studies, Teaching Concepts, Best-Practice Results. 308 Seiten. ISBN 978-3-7329-0685-7

Bd. 111 Guntars Dreijers/Jānis Sīlis/Silga Sviķe/Jānis Veckrācis (eds.): Bridging Languages and Cultures II. Linguistics, Translation Studies and Intercultural Communication. 258 Seiten. ISBN 978-3-7329-0705-2

Bd. 112 Anu Viljanmaa: Professionelle Zuhörkompetenz und Zuhörfilter beim Dialogdolmetschen. 580 Seiten. ISBN 978-3-7329-0719-9

Bd. 113 Johan Franzon/Annjo K. Greenall/Sigmund Kvam/Anastasia Parianou (eds.): Song Translation: Lyrics in Contexts. 498 Seiten. ISBN 978-3-7329-0656-7

Bd. 114 Anna Wegener: Karin Michaëlis' *Bibi* books. Producing, Rewriting, Reading and Continuing a Children's Fiction Series, 1927–1953. 400 Seiten. ISBN 978-3-7329-0588-1

Bd. 115 Gesa Büttner: Dolmetschvorbereitung digital. Professionelles Dolmetschen und DeepL. 130 Seiten. ISBN 978-3-7329-0750-2

Bd. 116 Jutta Seeger-Vollmer: Schwer lesbar gleich texttreu?. Wissenschaftliche Translationskritik zur *Moby-Dick*-Übersetzung Friedhelm Rathjens. 530 Seiten. ISBN 978-3-7329-0766-3

Bd. 117 Katerina Sinclair: TranslatorInnen als SprachlehrerInnen: Eignung und Einsatz. 346 Seiten. ISBN 978-3-7329-0739-7

Bd. 118 Nathalie Thiede: Qualität bei der Lokalisierung von Videospielen. 116 Seiten. ISBN 978-3-7329-0793-9

F Frank & Timme